Sylvia Nestler

PASTA *mania*

66 Rezepte
mit Farbabbildungen, Materialassemblagen, Zeichnungen
und Cartoons von Sylvia Nestler
2., überarbeitete Auflage

Hugo Matthaes Druckerei und Verlag GmbH & Co. KG

ISBN 3-87516-657-4
2., überarbeitete Auflage 1996

Alle Materialassemblagen, Zeichnungen, Cartoons: Sylvia Nestler, Siena

Layout: Gerhard Martin Nestler, Siena

Satz: Agenzia Caleido, Siena

Fotos: Cora Schäfer, Stuttgart: Seite 12, 14, 16, 18, 22–23, 25, 30, 34, 42, 48, 50, 54–55, 57, 61, 65, 72, 76–77, 79, 88, 96, 100, 108, 112
Bruno Bruchi, Siena: Titel, 21, 26–27, 32, 80, 81, 82–83, 84–85, 90, 90, 93, 105
Gerhard Martin Nestler, Siena: 12, 67, 94, 115, 117, Rückentitel
Nuova Immagine, Siena: 28, Susanne Wild, Freiburg: 11
Foto auf Seite 26/27: Il Pagliaccio

Herstellung einschließlich der Reproduktionen:
Hugo Matthaes Druckerei und Verlag GmbH & Co. KG, Stuttgart

INHALTSÜBERSICHT

R E Z E P T - Ü B E R S I C H T

Italienisch		Deutsch

*Ein herzlicher Dank gilt meinem Mann,
der mit Geduld und konstruktivem Sachverstand
ganz wesentlich zum Gelingen der «PASTAmania»
beitrug, Dorothea Kallenberg für die Durchsicht
des Manuskripts und fachlichen Rat sowie
Dr. Alex Schäfer für dessen Anregung und
freundschaftliche Unterstützung. Unsere Freunde
und Nachbarn aus Ville di Corsano; Elena und
Alfio Ticci haben mich mit kulinarischen
Anregungen bei zahlreichen «Arbeits-Essen»
nebst unermüdlicher technischer Mithilfe
bei der Arbeit an diesem Buch begleitet.
Der Fotografin Cora Schäfer danke ich besonders
für ihre professionellen Studio-Fotos der
Materialassemblagen, desgleichen Bruno Bruchi.
Giordana Carpi hat mir wertvolle Informationen
zum Kapitel Olivenöl gegeben.*

VORWORT

Mein Mann und ich zogen 1981 in die Nähe von Siena, in die südliche Toskana. Ich kam, sah und kochte. In einer Landschaft voller Kulturmetropolen muß das nicht wundern: Auch die Koch- und Eßkultur gehören zum selbstverständlichen Lebensstil und Lebensgefühl der meisten Toskaner.

Begegnungen aller Art werden angeregt, wenn der persönlichen Zuneigung oder dem nüchternen Geschäftszweck eine weitere Basis verliehen wird: das Glück, das über Augen und Gaumen durch den Magen geht.

Noch ein Glück wäre es, wenn Sie – wie ich auch – bereits an der Vorbereitung eines Essens Spaß hätten, vielleicht an unkomplizierten und leicht zu

realisierenden Gerichten aus der Pasta-Küche.
Was hier zu Buche schlägt, sind die vielschichtigen Beobachtungen aus der Sicht einer malenden Köchin (kochende Malerin wäre vielleicht richtiger), deren Blick noch ungetrübt ist durch hinreißende Gaumengenüsse, die die Sinne umnebeln und den Geist – zumindest vorübergehend – so herrlich einlullen.
Ich bleibe also auch bei Tisch eine aufmerksame Beobachterin, als Malerin immer auf der Suche nach einem Genre, das sich in Bildhaftes umsetzen läßt, als Köchin auf der Suche nach Gerichten, die noch im Einklang sind mit Land und Leuten, wobei der Mensch, wie in der Malerei, für mich immer im Mittelpunkt steht. Schon als kleines Mädchen faszinierten mich Gesichter, Münder und das, was da alles so reinging!
Doch erst seit wir in Bella Italia leben, ist mir bewußt, welch fundamentales Gewicht der Beschäftigung mit den Speisen und deren Zubereitung zukommen kann als wirkliche Triebfeder menschlichen Lebens und Strebens.
Die Frauen in ihren bunten Kittelkleidern, denen man in den ländlichen alimentari (Lebensmittelläden) begegnet oder die stickend und strickend ihr Schwätzchen auf der Hausbank halten, haben fast nur ein Thema: Was koche ich heute, und was tut dem dicken oder dünnen, gestreßten, lieben oder weniger lieben Mann oder Sohn so richtig gut ?
Drängeln Sie mal zur Mittagszeit aufmerksam durch das alltägliche Einkaufsgewusel im mittelalterlichen Siena: Rezeptvarianten und Menüfetzen kosen das Ohr, und die Düfte der rosticcerie schmeicheln der Nase. Ja selbst das Wahrzeichen Sienas heißt Torre del Mangia – Turm des Fressers!

Sylvia Nestler in ihrem toskanischen Atelier

PASTA ALS PASSION

Dieses Buch ist ein Bekenntnis zur Freude am Essen und seiner fundamentalen Wichtigkeit; eine Abkehr vom reinen (kalorien-)reduzierten Genuß. Wer würde denn von seinem Auto verlangen, daß es ohne Benzin fährt und dennoch Geschwindigkeitsrekorde bricht? Von unserem Körper jedoch erwartet manch einer, daß er auch mit wenig oder minderwertigem «Treibstoff» bestens funktioniert.
Zur Liebe am Essen gehört auch die Liebe zum Kochen und Sorgfalt im Umgang mit den Zutaten. Zweifellos gelingt ein Gericht besonders gut, wenn es mit der entsprechenden inneren Einstellung zubereitet wird. Hier geht es auch um mehr Spaß und Bestätigung im Küchenalltag. Ein kreativer Akt, wie die Präsentation eines Gerichts, ist ja zugleich auch eine Möglichkeit der Selbstdarstellung oder gar der Selbstverwirklichung!

Angesichts der schier unendlichen Vielfalt in Form und Zubereitung von Teigwaren reizt es mich manchmal, bestimmte Situationen, Höhen und Tiefen menschlichen Gebarens zu beleuchten, Bezüge zu Charakteren herzustellen, zuweilen auch karikierend. Umgekehrt finde ich es auch spannend, mir vorzustellen, welche Pasta zu wem am besten passen könnte.
Da kommt wohl gelegentlich die Malerin durch, die gewohnt ist, Verhaltensweisen mit Farbassoziationen zu verknüpfen oder Nebensächlichem zentrale Bedeutung zuzugestehen.

Ecco la pasta!

Nehmen Sie aber nicht jedes Wort bierernst; wir trinken hier ohnehin meist Rotwein!

Schon Vorbereitung und Herstellung des Teiges sind für mich so eine Art Schöpfungsakt im kleinen. Hier ist voller Einsatz gefordert. Kraftvoll muß man hinlangen, um aus Wasser und Mehl einen homogenen Teig zu schaffen! Dann bringt man etwas zum Leben, das sich, fein mit Mehl überstäubt, anfühlt wie die zartsamtige Haut eines Babys. Gebe ich dem Teig nun Form und Fülle, dann sind für mich zum Beispiel die Teigtaschen, *le maremmane*, mit einer sanften Ricottafüllung etwas vom Animalischsten, was mir je durch die Hände gegangen ist (mein Mann und unser Kater Paolo mögen mir verzeihen).
Betrachten wir nun einmal die Pasta als ein wichtiges Grundelement der Nahrung. Unersetzlich wie das tägliche Brot ist sie in Italien, nur viel beliebter, fast schon eine Philosophie.
Und mit ihren etwa 300 verschiedenen Formen, die schlicht und pompös, kurz oder lang, gefüllt, gefurcht, verdreht, hohl oder platt sein können, ähnelt sie zuweilen gar den Menschen, die sie verzehren.
Dazu gehören natürlich noch die *sughi*, die Pasta-Soßen: sanft, scharf, protzig oder karg. «Der Mensch ist, was er ißt.» Allerdings würde ich noch hinzufügen «...oder was er sein möchte.»
Liebhaber guter Speisen zu sein, ist in Italien eine wirkliche Auszeichnung; hier lobt man den *«buonmangione»*, den guten Esser, ebenso wie den guten Koch.

Um mein Bild vom Gastgeber, der sich mit dem, was er auf den Tisch bringt (unbewußt?), oft selbst in Szene setzt, zu verdeutlichen, möchte ich folgende kleine Beoabachtung einstreuen: Einladung bei Familie Piccini. Kein Familienmitglied ist über 1,55 Meter groß. Alle sind hochbegabt, das Töchterlein spielt virtuos Klavier, sehr zum Entzücken seiner ehrgeizigen Mamma und des ambitionierten Papas, der sich als Poet versucht. Eine Beobachtung im *bagno* (Badezimmer) erheitert: Aufgereiht hängen hier die Frotteemäntelchen der Familie, alle eher an Jäckchen erinnernd, hübsch handlich und halb so groß wie im Normalhaushalt.
Serviert wird bei Familie Piccini, was der ehrgeizigen Grundstruktur und der körperlichen Statur entspricht: *mezze penne al salmone*, also halbe Röhrennudeln, mit anspruchsvollem Lachs garniert!
Anders stellt sich Fosca dar, eine etwas pummelige, sehr mütterliche Frau, die, mit hochroten Bäckchen durch die Küche kullernd, hingebungsvoll reichhaltige *tagliatelle ai funghi* (Bandnudeln mit Pilzen in Sahnesoße) fabriziert. Sie bereitet den *sugo* in Mengen zu, daß zehn Überraschungsgäste mitverköstigt werden könnten, doch ist gar nicht genügend Pasta da, um all die Fülle aufzunehmen.

Dzagg!

Die Pasta – schon das gesprochene Wort vermag Verklärung ins Antlitz zu zaubern – läßt Augen leuchten, Münder suchen den Worten nachschmeckend zu beschreiben, was nur versteht, wer verliebt ist, Verliebtheit ohne Ende! Einem Bolognesen wird vielleicht auch seine «beste Hälfte» einmal zur Gewohnheit, aber *«la pasta è sempre la pasta!»* (Hier kann man nicht einfach übersetzen: «Teigware bleibt Teigware.»)

Etwas weniger begeistert blickt das von dunklen Wimpern umflorte Auge der Signora, die sich bedauernd in die füllige Körpermitte kneift – doch gemach! Pasta allein macht nicht dick. Zumindest nicht in ihrer unkomplizierten Form aus Hartweizengrieß ohne Ei zubereitet und von einem schlichten *sugo* (Pasta-Soße) begleitet.

So will ich denn doch einmal das unanständige Wort «Kalorien» in den Mund nehmen, um so schneller können Sie es wieder vergessen:

Eine klassische gute Portion *spaghetti alla napoletana* mit Tomatensugo, Olivenöl und einem Eßlöffel voll Parmesan darübergestreut, hat nicht mehr als etwa 1680–1890 kJ (400–450 kcal). Ebenso die später folgenden *sughi* auf

PASTA MACHT NICHT DICK, ABER FRIEDLICH

Gemüsebasis. Wer sich allerdings gern mal zwischendurch eben 50 g Schokolade gönnt, kommt nochmal auf die gleiche Summe!
Die Rezepte dieses Buches sind stets für 4 Personen ausgelegt. Pro Person rechnet man zwischen 80 und 100 g Pasta, je nach Gehalt des *sugo* und des nachfolgenden Ganges.
Bei *pasta fresca* (frischer Pasta) wird sogar noch etwas weniger angesetzt.
Ein sanfter Parmesanregen – im Augenblick des Anrichtens über den Teller gerieben – darf das Ganze verfeinern, ist aber kein Muß.
Das sieht man schon, wenn man an unsere armen Freunde, die Neapolitaner, denkt, die natürlich nur selten im Besitz dieses delikaten, aber teuren Käses waren. Zudem paßt Reibkäse – Parmesan oder Pecorino – nicht zu jedem hier aufgeführten Rezept.
Pasta macht friedlich, weil sie befriedigt, nicht weil übermäßiger Genuß rundlich und daher gemütlich bis phlegmatisch macht.
Da gehe ich weiter als dieser gewisse Signor Filippo Tommaso Marinetti, seines Zeichens Schriftsteller, der 1931 in einem Aufruf gegen die Pasta-Esserei in Italien, im «Manifest der futuristischen Küche», den Spaghettikonsum seiner Landsleute verdammte. Ihm zufolge wären getreideessende Menschen pazifistisch, also den kriegerisch-tüchtigen Fleischverputzern unterlegen.
Das Problem aber beschäftigte bald die ganze Nation; und Marinetti wurde aufs heftigste attackiert, weil er seinen Landsleuten die Spaghetti vermiesen wollte. Immerhin, welch wundervoller Gedanke: Mit Pasta gegen Kanonen!

AL DENTE – MIT BISS!

Gehen wir finsteren Zeiten entgegen? Als es der Allgemeinheit noch weniger gut ging, die Familien größer waren, Freunde und Verwandte der Tischrunde festliches Gepräge gaben, ließ sich noch aus der Größe der Kochtöpfe auf die Haushaltsgröße schließen. Heute, im Zeitalter der Singles, schrumpfen unter anderem mit dem Haushalt und der Zeit auch die Kochtöpfe. Hier möchte ich allen trennungssüchtigen Pasta-Freunden einen guten Rat geben: Kämpft nicht ums Auto, kämpft um den Kochtopf, den größten, den Ihr habt. Das zahlt sich aus!
Der Pasta-Kochtopf kann eigentlich gar nicht groß genug sein, da das Volumen der Pasta sich während des Kochvorgangs verdreifacht. Man rechne mindestens 1 Liter Wasser auf 100 g Pasta, plus 2 Teelöffel grobes Meersalz und 1 Eßlöffel Öl.
Spaghetti wollen viel Bewegungsfreiheit haben im sprudelnd kochenden Wasser. So ist ein großer Topf auch vorteilhaft, weil die Temperatur nicht wesentlich absinkt, während die Spaghetti in die sprudelnde Hitze langsam hineingesenkt werden. Man könnte das Eintauchen ins

Penne all'arrabbiata

Kochwasser mit einem vorsichtigen Menschen vergleichen, der ein Vollbad nimmt.
Mit dem hölzernen Rührlöffel kann man zwischendurch das Wasser in Bewegung halten. Vom feuchten Element gut bedeckt, kochen sie nun, bis sie *al dente* sind. Nach italienischer Kochregel hängt das gelungene Pasta-Gericht zu gut 50 Prozent vom optimalen Kochergebnis ab.
Al dente heißt in diesem Fall, daß sie noch etwas «Biß» haben sollten. Die Spaghetti sollen genau «auf dem Punkt» sein, noch genauer, sie sollten gerade an einem Garpunkt angelangt sein, bei dem ein nicht mehr sichtbares helleres Pünktchen im Querschnitt nur noch erahnt werden kann. Dieses helle Pünktchen ist die Seele eines *spaghetto* (das ist die Einzahl), und die wird ihm leider gar zu oft barbarisch herausgekocht. Was Wunder, wenn das Teigschnürchen dann nicht mehr elegant in leicht gespanntem Schwung, sondern wie todmüde auf der Gabel hängt!
Al dente: In einer anständigen italienischen Familie wird diesem alles entscheidenden Moment im Dasein eines *spaghetto* allerhöchster Rang eingeräumt. Im Hause einer befreundeten Nachbarfamilie stellt sich das etwa so dar:
Elena, die souveräne Küchenfee, hat während der Garzeit der Pasta einen köstlichen *sugo* gezaubert. In der siebten Kochminute nähert sie sich dem Topf, um mit einer Gabel schon mal im leicht sprudelnden Wasser spielerisch die Konsistenz der Spaghetti zu prüfen. Wie gesagt, weich, aber um Gottes willen nicht schlaff, schlängeln sie sich um die Zinken.
Dies ist nun die Sekunde des Meisters! Alfio, Herr des Hauses, graue Eminenz auch am Herd, tritt nun hinter sein Weib. Diese hebt den Arm mit der Gabel, auf der sich ein einsamer *spaghetto* kringelt, etwa auf seine Nasenhöhe. Ernste Sammlung, leichte Spannung kennzeichnen den Augenblick, in dem Alfio mit zwei Fingern den *spaghetto* von oben zwischen die tastenden Lippen gleiten läßt. Unbestimmt ruht sein Blick für einen Moment auf einem

Punkt in scheinbar weiter Ferne. Dann ein kaum merkliches Nicken; nun hat er zugebissen, ganz zart!
Jetzt geht alles schnell. Elena stoppt eventuell den Kochvorgang durch Zugabe einer Tasse kalten Wassers, hebt den schweren Topf vom Herd und gießt mit gemessenem Schwung die Pasta durch ein Topfsieb ab.
Inzwischen ist die Schüssel angewärmt, denn Pasta soll noch dampfen, wenn sie auf den Tisch kommt. Vielleicht schmilzt noch ein Stück Butter in dem Spaghettiberg, bevor der *sugo* hinzugefügt und vorsichtig untergehoben wird. Sara, Marco, Alfio und wir Gäste sitzen bereits erwartungsvoll am Tisch, in den Augen einen Ausdruck von «Pastamania»!
Das ist es. *Al dente*, ohne diesen mit den Zähnen und Gaumen zu erfahrenden Reiz wäre unser Pasta-Gang, wie mancher Mitmensch, schlaff und auch ziemlich langweilig.
Die auf der Packung für jede Pasta-Sorte angegebene Garzeit mag zwar als Entscheidungshilfe gelten, aber sollte keinesfalls die «Bißprobe» ersetzen. Nach dem Abgießen in ein Topfsieb (um Himmels willen nicht abschrecken!) soll man die Soße sogleich unterziehen, das hat den Vorteil, daß die noch etwas weiterquellende Pasta mehr vom *sugo* aufnimmt und aromatischer wird. Das macht sich die italienische Köchin zum Beispiel zunutze, indem sie bei Pasta-Gerichten mit Fischsoße etwas heißen Fischsud auf die eben abgegossene Pasta gibt (siehe Seite 110).
Die zweite Möglichkeit ist die, den schönen roten *sugo* nach graphischen oder emotionalen Gesichtspunkten zu verteilen. Den nationalstolzen Italiener befriedigt das Hinzufügen frisch geschnittenen Basilikums nicht nur des unvergleichlichen Duftes wegen, denn dann hat man sie plötzlich vor sich, die grünweißrote *tricolore*, komponiert aus Spaghetti, Tomaten und Basilikum.

Die Capellini sind der feinste Spaghettityp und werden wie unsere Fadennudeln auch in Suppen verwendet

E*cco, che bellezza!* Eine Frage, die jeden Pasta-Fan beschäftigt, ist, warum die meisten Menschen immer wieder nach Spaghetti verlangen und nicht nach *tagliatelle, ditali, orecchiette, rigatoni, fusilli* oder einer der vielen anderen komplizierten Nudelformen.

SPAGHETTI-LIEBE

Dabei haben die einzelnen Variationen durchaus ihre Berechtigung. An den korkenzieherartig geschraubten *fusilli* zum Beispiel bleibt, wie an kaum einer anderen Nudelart, der *sugo* herrlich haften. In die schräggeschnittenen hohlen *penne* schlüpfen die kleinen grünen Erbsen hinein, wie wenn sie dort Schutz suchen müßten, und die großmäuligen *rigatoni* schlucken soviel Soße mit diversen Zutaten wie keine andere Pasta-Sorte.

Im Pasta-Schlaraffenland werden sogar Stardesigner wie Collani mit der Entwicklung neuer Pasta-Formen betraut. Der in den Rezepten auftauchende Begriff *pasta liscia* für «glatte Pasta» ist nördlich Italiens wenig bekannt. Eigentlich gehören zu diesen glatten Teigwaren vor allem die Spaghetti, denn von *penne, ditali, pennette, pipe, pipette* sind auch gerillte oder geriffelte (*rigate*) Versionen im Handel.

Die Nummern für die einzelnen Spaghetti-Stärken sind von 1-12 wiederum differenziert worden, um dem gezielten Zweck besser zu genügen.

Spaghetti und Sverzini, ein feingewellter Spaghettityp

Oft sind diese sogar noch mit speziellen Eigennamen versehen. Lassen wir uns davon nicht verwirren, mit der Spaghettistärke 3-5 liegen wir fast immer richtig.
Wer gerne glatte Pasta mag, die direkt vom Schlund in den Magen schlüpft, wer vielleicht auch das *acqua minerale liscia* (ohne Kohlensäure) trinkt und sich zum *ballo liscio*, zum Standardtanzen, hingezogen fühlt, der gehört zusammen mit dem «Pasta-Säufer» zu jener Kategorie Mensch, die geschickt und still die Schlängel des sozialen Gefüges einer schwierigen Gesellschaft durchschippert, ohne anzustoßen, schlau kleine Freuden für sich behält und still genießt.
Wer die Qual der Wahl verspürt, wird sich wohl fast immer wieder für die vielgeliebten Spaghetti entscheiden oder ihre unterschiedlichen Formen: *spaghettini, spaghettoni, linguine* (Zungen), *bucatini*, die makkaroniartigen Spaghetti mit Loch, und die *capelli d'angelo*, das feine Engelshaar.

Spaghetti sprechen eine Reihe von Sinnen gleichzeitig an.
Ist es nicht schon ein Augenschmaus, wenn sie mit einem köstlichen *sugo* garniert («seid umschlungen Millionen») in der dampfenden Schüssel auf dem Tisch stehen? Nun gilt es, sie portionsgerecht auf die einzelnen Teller zu praktizieren – zugleich eine erste Probe manueller Geschicklichkeit und vielleicht auch lustvolle Vorfreude auf den kommenden Genuß.
Als orales Vergnügen wirken Zunge, Gaumen und Geschmacksnerven im harmonischen Zusammenspiel der Kräfte und Säfte und prüfen tastend, kostend Konsistenz und Geschmack, bevor die ersten Bissen in den Magen gleitend dort endlich wohlige Wärme verbreiten!

SPAGHETTI FÜR DEN SPIELTRIEB

Beim Pasta-Essen erinnern wir uns vielleicht gern längst vergangener Kindertage, als man mit dem, was auf den Tisch kam, noch spielerisch umgehen durfte.
Seit jedoch das Lätzchen abgelegt war und man sich dafür Tischmanieren zulegte, schien es vorbei zu sein mit dem spielerischen Spaß am Essen. Aus Lust wurde Frust.
Ganz anders eine Spaghettimahlzeit, da wird man sich doch seiner ganzen Kreativität und Geschicklichkeit wieder bewußt, die es einzusetzen gilt, um die rechte Menge Teigschnürchen auf die Gabel zu wickeln und trickreich den *sugo* mit einzufangen.
Vor uns auf dem Teller erhebt sich ein frisch aufgehäufter, lecker angerichteter Spaghettihügel. Als Vorspiel ist es eventuell angezeigt, den *sugo* noch etwas gleichmäßiger zu verteilen; nicht durch wildes Rühren, sondern mit der Gabel wird drei-, viermal eine Portion aufgenommen, wieder locker abgelegt und somit gleichzeitig das vielleicht etwas wirre Knäuel ein wenig geordnet.
Nicht verkrampfen, der Schultergürtel bleibt entspannt! Wir zielen mit unserem Werkzeug eher am Tellerrand in die Spaghettiherrlichkeit, heben eine mundgerechte Menge leicht an, uns vergewissernd, nicht zuviel aufgenommen zu haben. Das Gabelende liegt dabei locker auf dem leicht angewinkelten Mittelfinger, während Daumen und Zeigefinger in einer Art schneller «Geldzählbewegung» die Gabel rotieren lassen. Das geht am besten, wenn man mit der Gabel im

La Tentazione

steilen Winkel gegen die «Hohlkehle» des Tellers kurbelt. So spart man sich nämlich die «nordische Krücke», den Löffel, und im Urlaub entgeht man ungenierten, neugierigen Blicken nebst spöttischen Randbemerkungen vom Nebentisch.
Aufgeschnappter Dialog einer italienischen Familie sommermittags in der Piazza del Campo in Siena: «Mamma, guarda! Guck, die schneiden alle Spaghetti klein!» «Amore, schau auf deinen Teller und iß anständig!» «Will ich aber auch so!» «Untersteh dich!» (Kind beginnt demonstrativ, alles kleinzuhacken, und der Papa greift ein): «Donatella, wann wirst du lernen, zu essen wie ein Mensch!» «Ach, und die da sind wohl keine richtigenMenschen?» (Papa, gedämpft): *«Sono turisti!»* (Kind, laut vernehmlich): «Also, dann will ich mal Tourist werden!».
Am besten natürlich, man hat am heimischen Tisch die ersten Meriten erworben, und wenn es mal geschieht, daß im blinden Eifer des Gefechts die ganze Tellerportion um die Gabel versammelt ist, oder daß Sie dabei Ihren Unterarm mitbandagiert haben, bleiben Sie gelassen. Sie haben den unkreativen Zerhackern eines voraus: den Spaß am Spielerischen!
Bei einer einsamen Mahlzeit kann man gut über die Irrungen und Wirrungen des Schicksals sinnieren. Vielleicht wirkt daher auch mein Geheimtip für Schicksalsturbulenzen, die Spaghetti *aglio e olio,* besonders gut auf gebeutelte Zeitgenossen. Ein Gericht, das selbst in sehr aufgewühltem Zustand einfach zuzubereiten ist, und der Knoblauch tut, je nach Dosierung, ein übriges, die Gemütsverfassung zu stabilisieren.
Diese Spaghetti trösten, sie glätten Sorgen- und Kummerfalten, stillen eben nicht nur den Hunger. Besser als Schnaps, Zigaretten und Schokolade hilft Pasta, manche Stürme des Lebens erträglicher zu gestalten.
Ernährungsbewußte Schwarzbrotesser heben hier manchmal ihren geliebten Zeigefinger und weisen darauf hin, daß die Pasta doch nur die Kaufaulheit der Italiener unterstütze! Ja, da mag etwas dran sein. Doch ist es nicht besser, sich ungetrübtem Pasta-Genuß hinzugeben, als jeden Bissen 32mal zu kauen, wenn Zeitmangel und Nervosität uns eh daran hindern? Schlecht gekautes Schwarzbrot sorgt für Magendrücken, bei der Pasta dagegen kann ruhig noch einmal zugelangt werden, selbst wenn die Stimme der Vernunft zur Mäßigung rät.
Letztere scheint sich hierzulande nur ganz leise lispelnd bemerkbar zu machen, kommt es doch häufig vor, daß die Pasta geradezu geschlürft, «getrunken» wird: *«lui beve la pasta»*, sagen die Leute zu einem solchen Eßstil. Das mag dann nicht immer ein erhabener Anblick sein, aber ist zumindest kindlich ausgelebtes lustvolles (Fr)Eßverhalten!
Da wir aber gerade vom Schlürfen sprechen: Zur Pasta paßt als Wein immer ein junger *«rosso» da tavola*, der auch das ganze Mahl weiterbegleiten kann. Bei Meeresfrüchten wäre allgemein einem natürlich trockenen *«bianco»* der Vorzug zu geben, vielleicht auch einmal einem *«rosato»*.

SM Nestler 94

Geräte zur Pasta-Herstellung im „Grab der Reliefs", der „Tomba dei Rilievi". Das Grab bei Cerveteri wurde im 4. Jh. v. Chr. von der Etruskerfamilie Matuna angelegt.

PASTA-GESCHICHTEN ZUR PASTA-GESCHICHTE

Es gibt eine Menge Vermutungen und zahlreiche Anekdoten über das wirkliche, wahre, echte Pasta-Ursprungsland. Weit verbreitet ist wohl die Behauptung, daß die Nudeln aus dem Reich der Mitte kämen, von wo Marco Polo sie nach Italien gebracht haben soll. Nun hat China eine so bedeutende kulturelle Vergangenheit, daß es nicht darauf angewiesen sein wird, die Erfindung der italienischen Pasta auch noch für sich zu reklamieren! Italien kann hier seine früheste Hochkultur, nämlich die der Etrusker, bemühen, hatten diese doch die schöne

Gewohnheit, dem Menschen das mit ins Grab zu geben, was ihm im Leben lieb und wichtig war. In einer Grabanlage aus dem 4. Jahrhundert vor Christus, der «Tomba dei Rilievi» in Cerveteri, sind unter anderem Reliefs von Geräten zur Pasta-Herstellung entdeckt worden. Ja, wir kennen sogar den klangvollen Namen dieser ältesten bekannten Pasta-Köchin, deren Ruhe hier gestört wurde: Ramtha Matumai Canatnei! Bei ihr wäre ich gerne mal Mäuschen gewesen vor zweieinhalbtausend Jahren: «Ciao Ramtha, was gibt's denn heute schönes?»
«𐌀𐌖𐌄𐌔𐌀𐌓𐌋𐌀 𐌉𐌕𐌕𐌄𐌗𐌀𐌐𐌆𐌉𐌑».
Aha, *«Spaghetti all'etrusco»* – logisch. Dann allerdings verstummen schriftliche und bildhafte Zeugnisse, erst ums Jahr 1154 kommt in einer Reisebeschreibung zum erstenmal das Wort Spaghetti vor. Frische und gefüllte Pasta erwähnt Fra Salimbene von Parma bereits im 13. Jahrhundert als schon allgemein verbreitete Form der Essenszubereitung.
Die *pasta asciutta*, der luftgetrocknete Teig aus nichts als Wasser und Mehl, war zwar ein ideales Mittel, das Getreideprodukt zu konservieren, stellte aber dennoch für die breite arme Bevölkerungsschicht einen kaum vorstellbaren Luxus dar. Diebstahl, Feuchtigkeit und Ungeziefer gestatteten keine sichere Lagerung. Der oft extrem hohe Getreidepreis und die zeitaufwendige Herstellung der Pasta, angesichts der langen täglichen Arbeitszeit, gründete ihren Sonderstatus.
Dennoch, der Siegeszug nach Norden war nicht aufzuhalten. Auf der Frankenstraße, die den Norden jenseits der Alpen mit Rom verband, reisten Pilger, Kreuzfahrer, Händler in unvorstellbarer Zahl. Alle Wege führten nach Rom! Worüber wohl mag der hungrige Reisende am meisten geredet haben, wenn nicht übers Essen? Der Austausch zwischen den Nationen, nicht nur von Ideen, Rezepten, Tips, hat stets eine die Kultur bereichernde Funktion erfüllt. Jede Region der italienischen Halbinsel beansprucht für sich eine Reihe traditioneller Spezialitäten, bei denen den Pasta-Gerichten ein besonderer Platz gebührt. Die toskanische Küche kennt die Pasta eher als neuzeitlichen Import, hat aber immerhin mit den sienesischen *pici* eine eigene Pasta-Form kreiert. Sie legt größten Wert auf einfache Zubereitung unter Verwendung natürlich frischer Zutaten und hochwertigem Olivenöl (siehe dazu Seite 113).
In Neapel sind Pasta und Tomaten (*pomodori*) eine Liebesehe eingegangen, die sich als unauflöslich erwies: Zu Napolis Pasta gehört die *pommarola*, ein Tomatensugo auf neapolitanisch. *Pummarò, pummarò* schallt es in der Erntezeit durch die Gassen der Quartiere, wenn die Frauen im Einmachfieber im Freien vor dampfenden Blechtonnen voller Gläser mit Tomatensugo das Feuerchen schüren. Hier wird Gott sei Dank auch noch gesungen bei der Arbeit. Es ist, wie wenn die Ernte eingefahren wird, *pummarò*-Vorrat fürs ganze Jahr!

Will man den Neapolitanern glauben, stand die Wiege der *spaghetti* oder *maccheroni* im Süden des

In Napoli: «Pasta a vista»!

italienischen Stiefels – eben natürlich in Neapel. Wer sich das ziemlich verarmte Napoli in seiner morbiden früheren Schönheit vorstellen möchte, ist jedoch auf alte Aufnahmen und Beschreibungen angewiesen. Auf Fotos und Bildern finden sich zuweilen malerische Perspektiven. Im Vordergrund handgezogene Spaghetti, auf Leinen zum Trocknen aufgehängt, so daß man Vesuv und Meer kaum durch die zwischen den Häusern gespannten «Vorhänge» erspähen konnte. *Pasta a vista!* Nicht dem schmutzig dröhnenden Automief ausgesetzt, sondern lauen Winden vom Meer, den Düften der Fischküche, zwischen Droschken und dem Geschrei der Straßenhändler. Mit dem Glockenschlag wurden die Spaghetti stündlich gewendet, damit auch die Schattenseite der Sonne zugewandt war und der Trocknungsprozeß fortschreiten konnte.
Des Abends bot man die in großen Kesseln gekochten Spaghetti zum Kauf an. Ohne Soße, mit bloßen Händen verzehrte man sie, wie sie waren, indem man sie, den Kopf im Nacken, in den Mund hängen ließ. Längst haben dieser Sitte die Pizzerien und Paninotheken den Rang abgelaufen.
In Italien bildet das Pasta-Gericht einen wichtigen Gang im Rahmen des Menüs, den sogenannten *primo*. Es stillt den ersten, den schönsten Hunger vor dem *secondo*, dem Hauptgang aus Fleisch oder Fisch mit Beilage, der oft durchaus gering dimensioniert ist. Danach folgen der *dolce* (Süßspeise) oder ein Stück Käse und der *caffè*.
Die Zeiten haben sich also gehörig gewandelt, seit die Pasta als «Brot der Armen» galt. Mit dem Wohlergehen unserer Tage gehört der Gang zu «meinem Italiener», auch im Norden, fast schon zum allwöchentlichen Zeremoniell – nicht zuletzt der Pasta wegen.

IL POMODORO

DIE TOMATE ALS ONE-WOMAN-SHOW

Kaum ein Früchtchen ist so vielseitig begabt wie die Tomate! Sie kann einen kompletten Abend gestalten. In aufreizendem Rot kann sie sich als *antipasto* (Vorspeise), Pasta-Sugo, als Grundlage für *risotti*, Salate, Gemüse, Fleisch- und Fischfonds präsentieren. Beim *dolce* (Süßspeise) hapert's etwas, aber es gibt italienische Sterneköche, die den klaren Saft der reifen Tomate mit Zucker zu einer Art Gelee kochen und es wie ein Sorbet als Gaumenklärer reichen. Zum Käse ist sie dann wieder eine ideale Begleiterin.

Wenden wir uns wieder der Pasta zu. Für die *pasta al pomodoro* wird in Italien fast ausschließlich eine bestimmte Tomatensorte verwandt, die San-Marzano-Tomate. Gut ausgereift, ist sie aromatisch und enthält weit weniger Wasser als die schmackhaften Fleischtomaten, die wir besonders als Salat schätzen. Letztere werden übrigens nicht vollreif verarbeitet, da ihre Haut in der Sonne etwas zäh wird und sie dann «Biß» und Frische vermissen lassen. Frische vollreife San Marzano werden mit kochendem Wasser überbrüht, abgezogen, entkernt und gewürfelt. Im Sieb läßt man die etwas gesalzenen Tomatenstückchen noch etwa 10 Minuten abtropfen. Das spart Einkochzeit.
Wir kennen vor allem die in Dosen eingemachten San-Marzano-Tomaten als *pelati*. Bereits abgezogen, wurden sie als ganze Früchte leicht gesalzen eingemacht und sind mit einem Minimum an Aufwand zu einem Basis-Sugo zu verarbeiten.
Für kompaktere Soßen greifen wir ersatzweise zu den *pezzettoni di pomodoro* (Tomatenstückchen), die schon ein wenig eingedickt sind.

Da es verschiedene Handelsbegriffe in italienischer Sprache gibt, seien hier die wichtigsten Bezeichnungen für Tomatenkonserven aufgeführt:

PELATI – Dosenkonserve aus San Marzano (längliche Tomaten), gehäutet und in Salzwasser eingekocht,

PEZZETTONI DI POMODORO – kochfertige Konserve aus San Marzano, gehäutet, entkernt, gewürfelt und entwässert.

POLPA PRONTA – wie Pezzettoni.

Spaghetti-Mamsell

Luciano und Peppona lieben es tomatig

PASSATO DI POMODORO – Konserve als Dose, Glas oder Paket mit passierten Tomaten.

CONCENTRATO DI POMODORO – Tube oder Dose mit konzentriertem Tomatenmark.

POMMAROLA – Dose oder Glas, fertiger *sugo* aus Tomatenstückchen, mit Olivenöl und Knoblauch verfeinert.

DOPPIO CONCENTRATO DI POMODORO – stark eingedicktes Tomatenmark.

Oft führen die Firmen ihre Produkte unter Eigennamen, die meist mit «Pom ...» beginnen, mit Erläuterung des Inhalts.

SPAGHETTI ALLA NAPOLETANA, ALLA POMMAROLA

SPAGHETTI AUF NEAPOLITANISCHE ART

(Zubereitung 35 Min.)

400 g Spaghetti Nr. 3–5
2 EL Olivenöl
2 Knoblauchzehen
400 g frische San-Marzano-Tomaten oder aus der Dose (pelati)
Salz, Pfeffer

Das Öl wird im Topf erhitzt, die prallen Knoblauchzehen gequetscht oder geschnitten in das heiße Öl gegeben. Der Duft ist vielversprechend!
Wenn der Knoblauch leicht Farbe annimmt, dann hat er schon seine Schuldigkeit getan, nämlich die Bitterstoffe des Öls gebunden und dafür sein Aroma abgegeben. Da er darüber hinaus auch noch praktisch zu handhaben ist, klebt er am hölzernen Rührlöffel und kann so leicht entfernt werden.
Nun die mit kochendem Wasser überbrühten prallen Tomaten abziehen, die Kerne entfernen, würfeln und in einem Sieb 5 Minuten abtropfen lassen, in das mit Knoblauch aromatisierte Öl geben. Alles leicht pfeffern und salzen, eventuell mit einer winzigen Prise Zucker würzen, um das Tomatenaroma zu unterstreichen, und leise friedlich vor sich hinköcheln lassen, bis die Soße die erwünschte harmonisch-dickflüssige Konsistenz erlangt.
Hinweis: Wenn Sie statt frischer Tomaten *pelati* aus der Dose verwenden, ziehen Sie von der Zubereitungszeit 10 Minuten ab.

POMODORI A CRUDO

TOMATEN ROH

(Zubereitung 20 Min.)

400 g Pasta (am besten mitteldicke Spaghetti, also die Nummer 4 oder 5, oder penne rigate)
600–800 g San-Marzano-Tomaten
Salz, Pfeffer
3 EL Öl
1 Prise Zucker

A crudo (roh) zubereitet, sind die Goldäpfelchen (*pomi d'oro*) im Sommer die frischeste und schlichteste Soße. Die gehäuteten, entkernten und gewürfelten San-Marzano-Tomaten läßt man etwa 10 Minuten in einem Sieb abtropfen und, mit Salz abgeschmeckt, noch kurz in einer Schüssel ziehen.
Danach pürieren, Olivenöl zugeben und Pfeffer aus der Mühle. Bei dieser Zubereitungsart, und auch bei anderen Tomatengerichten, kann wieder nach Geschmack mit einer Prise Zucker das süßherbe Aroma unterstrichen werden.
Die Pasta in Salzwasser sprudelnd *al dente* kochen, abgießen, in eine gut vorgewärmte Schüssel 1 Eßlöffel Olivenöl geben, die Pasta darin wenden.
Den *sugo* gibt man bei Tisch kalt darüber und serviert sofort.
Die Tischgesellschaft hat natürlich bereits erwartungsvoll die Gabeln gehoben. In Italien wartet niemals die Pasta auf die Gäste, sondern umgekehrt...!
Nun kann ein jeder, der es tomatig liebt, genüßlich in die vollen greifen. Wollen Sie Pasta und *sugo* bereits in der Küche tischfertig vorbereiten, stellen Sie das Ganze nochmals kurz ins heiße Wasserbad. (In der Toskana hat man den wunderschönen Namen *bagnomaria* dafür – das heiße Wasser, nach dem die Hebamme bei der Geburt verlangt.) In dem Falle sollten die Spaghetti aber nur knapp *al dente* sein, da sie ja in der Wärme noch etwas weiterquellen.

In samtig milder Sommerabendluft unterm Sternenhimmel genossen, bietet dieses einfachste aller Gerichte das totale Italiengefühl! Dazu paßt am besten der schlichte *rosso da tavola* vom aktuellsten Jahrgang. Wer nicht gerade in der Toskana sitzt, schließt nun für einen Moment die Augen und stellt sie sich vor: Die Glühwürmchen, die im Juni ein blinkendes Lichtermeer auf die Streuwiese zaubern, als hätte sich die Milchstraße auf die Erde ergossen, den Duft von Lavendel, Rosmarin und Lorbeer. Bald werden die ersten Grillen zirpen!
Nach dem ersten Akt dieser Tomaten-Aufführung folgt nun ein Intermezzo mit einigen beliebten Sugo-Variationen, die auf dem Grundrezept des *sugo al pomodoro* (siehe *spaghetti alla napoletana, alla pommarola,* auf dieser Seite) basieren. Zunächst die Variationen mit Kräutern, die möglichst immer frisch und recht großzügig verwendet werden. Alle Angaben sind mit 400 g *pasta asciutta*, also für 4 Personen, berechnet. Den Pfeffer verwenden wir immer frisch gemahlen, wenn nicht ausdrücklich schwarzer Pfeffer angegeben ist, wird der weiße empfohlen.

POMMAROLA
– MIT BASILIKUM
(Zubereitung 40 Min.)

1 Bund Basilikum (ca. 20 Blätter), gehackt oder in schmale Streifen geschnitten, wird frisch über die bereits gemischte *pasta al pomodoro (pommarola)* verteilt, eventuell kann man Parmesan darüberreiben.

– MIT PETERSILIE UND KNOBLAUCH

1 Bund glatte Petersilie und 2 Knoblauchzehen fein hacken und zum Schluß in den kochenden sugo für *spaghetti alla napoletana* einstreuen, nach Geschmack mit Parmesan würzen.

– MIT ROSMARIN

Von Anfang an einen Zweig Rosmarin mitkochen, der vor dem Servieren entfernt wird. In diese Soße passen ein Schuß Sahne und ein abschließender leichter Parmesanregen.

– MIT SALBEI

Eine weitere Möglichkeit besteht darin, etwa 8 Blätter Salbei, in Streifen geschnitten, in der *pommarola* mitzukochen.

– MIT ROHEN TOMATEN

Über die fertige, bereits gemischte Tomatenpasta frische Tomaten geben, die gehäutet, gehackt und entkernt wurden. Basilikum und Reibkäse runden den Geschmack ab.
Nun folgen Abwandlungen, die aus verschiedenen Komponenten bestehen. Zuerst eine eiweißreiche Fassung:

– MIT RICOTTA

Eine Mischung aus Ricotta (italienischer Frischkäse aus Kuh- oder Schafsmilch), glatter Petersilie und Basilikum zusammenhacken, mit Salz, Pfeffer (wie immer aus der Mühle) und einer Prise frisch geriebenem Muskat auf die fertigen, bereits mit der Tomatensoße vermengten Spaghetti geben.

Eine Anmerkung für die deutschen Quarkesser, die immerhin Weltmeister im Vertilgen dieses weißen Frischkäses sind: Ricotta wird im Norden oft fälschlich mit Quark übersetzt, was dann im Rezept zu einer beachtlichen Verschiebung der eigentlichen Geschmacksnote führt.
Was feinmild gedacht war, wird kräftig rustikal bis säuerlich! In Italien ist dieses nordische Milchprodukt relativ unbekannt. Da mein Mann aber auf diesen Weißkäse nur schweren Herzens verzichten würde, gibt es bei uns Quark aus eigener Produktion. Im Sommer besorgt die Sonne die halbe Arbeit, deshalb stelle ich einfach, wie einst die Großmama, die abgedeckte Frischmilch ins Freie. Ein gewisser Mauro bringt dann regelmäßig seine Erkenntnis in die Tischrunde ein: «Wußtet Ihr schon, daß man in diesem Hause die Milch erst schätzt, wenn sie bereits verdorben ist?»

POMMAROLA MIT MOZZARELLA

Da aber im Gegenzug Ricotta in Deutschland nicht überall aufzutreiben ist, hier eine Sugo-Variante, bei der man wie im vorigen Rezept verfahren kann, nur statt der Ricotta Mozzarella verwendet – am besten aus Büffelkuhmilch. Bei diesem Rezept kann man zur Abwechslung 50 g gehackte Kapern zugeben, sollte dann allerdings Salz und Muskat weglassen.

ORECCHIETTE AL BASILICO E AGLIO

ORECCHIETTE MIT BASILIKUM UND KNOBLAUCH

(Zubereitung 35 Min.)

400 g Orecchiette
400 g frische San-Marzano-Tomaten
2 EL Olivenöl
Pfeffer und Salz
3 Knoblauchzehen
10–12 Blätter Basilikum
1 EL Olivenöl

Die blanchierten Tomaten abziehen, entkernen, würfeln und entwässern. Wir erwärmen 2 EL Olivenöl im Topf, geben die Tomaten hinzu und schmekken mit Pfeffer und Salz ab. Unter stetem Rühren auf kleiner Flamme eindicken lassen. Inzwischen kochen die *orecchiette*.
Nach der Garzeit abgießen, in der vorgewärmten Schüssel den *sugo* unterziehen und zudecken. Nun den Knoblauch mit dem Basilikum kleinhacken, einen Eßlöffel kaltgepreßtes Olivenöl zumischen und über die Pasta geben.

SPAGHETTI ALLA PIZZAIOLA

SPAGHETTI NACH ART DER PIZZABÄCKER

(Zubereitung 35 Min.)

400 g Spaghetti
400 g San-Marzano-Tomaten
3–4 EL Olivenöl
2 Knoblauchzehen
Salz, Pfeffer
1 TL Origano
180 g Mozzarella

Zunächst stellen wir die vorn beschriebene *pommarola* her.
Den Origano untermischen, den *sugo* unter die Spaghetti ziehen und erst ganz kurz vor dem Servieren die gewürfelte Mozzarella über die Pasta geben.
Origano und Mozzarella wurden der schönen Pizzabäckerin abgeschaut.

SPAGHETTI AL POMODORO E RUCOLA

SPAGHETTI MIT TOMATEN UND RAUKE

(Zubereitung 15 Min.)

400 g Spaghetti
5 EL Olivenöl
2 Knoblauchzehen
6 EL passierte Tomaten (Paket oder Dose)
40 g Pecorino (geriebener Schafskäse)
300 g Rucola (Rauke)
Salz, Pfeffer aus der Mühle

In einer Pfanne erwärmen wir die 5 Eßlöffel Olivenöl, geben den zerhackten oder zerdrückten Knoblauch hinein, ist er hellgelb, entfernen wir ihn und ergänzen mit den passierten *pelati* und dem *pecorino*.
Mit Salz und Pfeffer abschmecken.
Die *rucola* wird grob gehackt und in letzter Minute untergehoben.
Der *sugo* wird unter die fertigen Spaghetti gemischt. Mit weiterem geriebenem Schafskäse (*pecorino*) servieren.

SUGO ALLE OLIVE NERE E POMODORI

SOSSE MIT SCHWARZEN OLIVEN UND TOMATEN

(Zubereitung 40 Min.)

400 g San-Marzano-Tomaten
3 EL Olivenöl
2 Knoblauchzehen
Salz, Pfeffer
100 g schwarze entkernte Oliven
1/2 TL Origano
1 EL Parmesan
6 Blätter Basilikum

Unseren Grundsugo, die *pommarola*, herstellen und ca. eine Viertelstunde schonend eindicken lassen. Schwarze Oliven entkernen und zusammen mit dem Origano an die Soße geben, 5 Minuten mitkochen lassen. Dann den Parmesan zufügen, nochmals mit Pfeffer abschmecken und unter Aufsicht lebhaft 2 Minuten kochen, unter die inzwischen fertige Pasta ziehen.
Zum Schluß mit dem geschnittenen Basilikum dekorieren.

SPAGHETTI ALLA BOSCAIOLA

SPAGHETTI NACH ART DER WALDLEUTE

(Zubereitung 45 Min.
plus 1 Std. Quellzeit für die Pilze)

350 g Spaghetti oder Maccheroni
60 g getrocknete Pilze, am besten porcini (Steinpilze)
300 g San-Marzano-Tomaten oder Pelati ohne Saft (entkernt und gewürfelt)
1 Knoblauchzehe
4 EL Olivenöl
3 dünne Scheiben roher Schinken, gewürfelt
1 Glas Rotwein
1 Bund glatte Petersilie, gehackt
1 TL Thymian
Salz, Pfeffer aus der Mühle

Die Steinpilze mindestens 1 Stunde in einer Tasse lauwarmen Wassers einweichen. Das Wasser aufbewahren, um es zum Ablöschen zu benützen. Tomaten schälen, entkernen, würfeln, in das mit Knoblauch aromatisierte Öl geben, erst den Schinken, dann die in Streifen geschnittenen Pilze hineingeben, mit Wein und Einweichwasser eine Dreiviertelstunde einkochen lassen. Das Einweichwasser sollte vor der Verwendung durch einen Filter oder ein Passiertuch laufen, weil sonst die Gefahr besteht, daß man vielleicht beim Essen durch Sand im Gebiß gestört wird und der Gesichtsausdruck der Gäste zwischen Hilflosigkeit und Empörung schwanken könnte! Die Petersilie und der Thymian kochen in den letzten 5 Minuten mit, zum Schluß mit Salz und Pfeffer abschmekken. Dieser herzhafte *sugo* nach «Art der Waldleute» wird unter die *al dente* gekochte Pasta gemischt.
Er eignet sich vor allem für überraschende Gäste, die plötzlich sonntags auf der Matte stehen, da man auf Vorräte wie Dosentomaten, ein Tütchen getrocknete Pilze und die vielleicht schon im eigenen Garten oder im Balkonkasten herangezogenen Kräuter zurückgreifen kann.
Allerdings sollte man den berühmten Spaghettidreh schon ein wenig raushaben. Sollten plötzlich auftauchende Freunde – und wo man überraschend zum Essen kommt, ist man immer «gut Freund» – die lieben Kleinen dabei haben, dann seien Sie so barmherzig, *penne* oder *fusilli* zu servieren. Dann ist einigermaßen garantiert, daß die Soße ohne Umwege größtenteils in den hungrigen Mäulern landet!

ALL'ARRABBIATA

Die Meinungen über den Ursprung dieses Namens gehen auseinander. Er könnte von Arabien abgeleitet sein, da die Besonderheit dieses *sugo* in der Beigabe von *peperoncini* besteht – den atemberaubenden, kleinen, roten Pfefferschoten, die ursprünglich aus dem Orient importiert wurden.
Dann müßte man also den Namen mit nur einem «r» und einem «b» schreiben. Die zweite Ansicht, zu der auch ich neige, wird mit leichtem Schmunzeln vorgetragen und stützt sich auf die Vorstellung einer überbeanspruchten *mamma italiana.*
Sie hat ein nörgelndes Kind am Schürzenzipfel, das Jüngste kräht in der Wiege, die Wäsche türmt sich im Bügelkorb, das Geschirr im Spülbecken, und sie läßt alle Wut (*la rabbia*) an einem überherzlich scharf gewürzten *sugo* aus!
Wenn ich mir dann noch vorstelle, daß man die Penne nicht langsam und vorsichtig wie die Spaghetti, sondern mit kühnem Schwung in das Kochwasser knallen kann, habe ich kaum noch einen Zweifel an der Richtigkeit dieser Version.
Mit einem halben *peperoncino* mehr, könnte man obendrein dem Gatten oder Geliebten mal ordentlich einheizen, denn – ganz nebenbei – nach arabischer Überlieferung gilt der *peperoncino* als Aphrodisiakum!

PENNE ALL'ARRABBIATA

PENNE MIT SCHARFER TOMATENSOSSE

(Zubereitung 30 Min.)

400 g Penne rigate
400 g Pelati oder frische San-Marzano-Tomaten
2 dünne Scheiben magerer Bauchspeck oder roher Schinken, in Würfel geschnitten
4 EL Olivenöl
1 Knoblauchzehe
1–2 Peperoncini
½ Glas Rotwein
1 Bund gehackte Petersilie
3 EL Parmesan
3 EL Pecorino romano
Salz

Sofern frische Tomaten verwendet werden, diese heiß überbrühen, schälen, entkernen, entwässern und würfeln. Pelati ebenfalls entkernen und würfeln. 2 Eßlöffel Öl erhitzen, Knoblauch hineinquetschen, am besten durch eine Presse, diesmal darf der Knoblauch ruhig etwas mehr Farbe annehmen, dafür entfernen wir ihn auch, kaum daß er hellbraun zu werden beginnt. Den Bauchspeck zugeben, getrocknete Peperoncinischoten beim Hineingeben zwischen den Fingern verbröseln. (Vorsicht, anschließend nicht in den Augen reiben!)
Ist der Bauchspeck glasig geworden, mit Wein ablöschen, dann die Tomaten hinzugeben, ca. 20 Minuten schwach köcheln lassen.
Mit Salz abschmecken und die knapp *al dente* gekochte Pasta in der angewärmten Schüssel mit 2 Eßlöffeln frischem Olivenöl mischen, den *sugo* mit der Petersilie zusammen gut unterziehen und abschließend mit 2 Eßlöffeln gemischtem Reibekäse würzen. Bei Tisch nach Belieben mit Parmesan und *pecorino* nachverfeinern.
Wenn der Abend besonders lustig werden sollte, könnte es daran liegen, daß Ihre Gäste das Wasser zum Durstlöschen mit dem *vino* verwechselt haben.

MACHT UND KRAFT DER KRÄUTER

Die Küchen Italiens, individuell wie die Menschen, zeichnen sich aus durch ihren selbstverständlichen Umgang mit dem, was die Natur eben bietet. Aus diesem Selbstverständnis entwickelte sich ein kulinarisches Selbstbewußtsein, das uns im Norden oft schon fremd geworden ist. Wir zelebrieren, verfeinern, verkosten usw., ohne mit dem Terrain vertraut zu sein, der ursprünglichen Basis des Einfachen. Wer vor die Tür tritt, um auf der Wiese etwas Katzenminze zu pflücken, die gerade gut zu einem Pilzgericht paßt, tut etwas Simples, beinahe Archaisches. Der mediterrane Süden mit seiner beinahe ganzjährigen Präsenz immerfrischer Kräuter genießt hier natürlich unbestreitbare Vorteile. Lorbeer, Salbei, Rosmarin, Estragon, Thymian, Majoran oder Origano, Basilikum, wilder Fenchel, Minze, Wacholder, dazu Knoblauch, Kapern und *peperoncini* sind neben den zahlreichen Exoten die traditionelle Würze, aus deren Kraft und Fülle ein jeder schöpft.

Der Phantasie sind also nahezu keine Grenzen gesetzt. Man sollte allerdings bedenken, daß Kräuter manchmal Sensibelchen sind und auf richtige Behandlung Wert legen. Basilikum, zum Beispiel, mag es nicht, gekocht zu werden. Er zöge sich sofort beleidigt zurück und würde uns sein herrliches Aroma vorenthalten. Auch Petersilie sollte ziemlich zum Schluß zugegeben werden, da auch ihr Aroma recht flüchtig ist. Thymian und Majoran dagegen sind da etwas toleranter, und der Origano ist das einzige der vorgestellten Kräuter, das auch häufig getrocknet verwendet wird. An unserem Gästehaus blüht fast ganzjährig ein hoher Rosmarinbusch, zu dem manch einer fast schon ein persönliches Liebesverhältnis entwickelt hat. Seine betörende Duftfülle verlockt denn auch gern zum Gebrauch abenteuerlicher Mengen.

Der robuste, süß-harzig duftende Rosmarin wird von Anfang an am Kochprozeß beteiligt. Wir danken ihm aller-

dings seine Dienstbereitschaft schlecht, denn ihm ist kein Auftritt bei Tisch vergönnt; bräunlich, etwas unansehnlich und entkräftet wird er vor dem Servieren entfernt. Man sollte auf sein Aroma keinesfalls zu häufig zurückgreifen, weil er in seiner Eigenwilligkeit doch recht dominierend ist. Zu Rosmarin paßt übrigens die italienische *panna da cucina* – eine dickflüssige Küchensahne – besonders gut. Sie ist milder als die französische Crème fraîche. Salbei in seiner herben Schönheit ist an Tomatensoßen seltener beteiligt. Er entfaltet sein Aroma in fetthaltigen Soßen, ist eher zuständig für Sahne- und Béchamelgerichte und tritt gern als Spezialist bei Ricottafüllungen in Erscheinung, also in vielen mit einem leckeren Innenleben versehenen Teigwaren.

Was die Petersilie anbelangt, so sind wir nördlich der Alpen nicht gerade verwöhnt. Verzweifelt stehe ich bei einem Gemüsehändler in der alten Heimat und blicke auf die ausgefranste heimische Petersilie, die in meinen Augen gerade mal als Dekorationsware taugt, zumal sich der Schmutz in den stark gerüschten Blättern dieses dunkelgrünen Krauts so leicht festsetzt.

Die glatte Petersilie ist nicht nur so viel aromatischer, sie ist auch viel leichter zu handhaben. Wer es im Garten oder auf dem Balkon probieren will, dem sei die Sorte «*Gigante di Napoli*», die neapolitanischen Riesen, empfohlen. Je nach Bedingung wird eine Pflanze bis zu 50 cm hoch und treibt immer wieder aus, bis sie im zweiten Jahr blüht und neue Samen liefert.

Wer übrigens seine Gewürzkräuter auf dem Balkon oder im Gartenbeet selbst heranzieht, sollte sie, so herzlos dies erscheinen mag, möglichst am Blühen hindern, werden sie doch ihres Aromas wegen herangezogen, und das nimmt sofort ab, wenn die Pflänzchen ihrer Eitelkeit zu sehr nachgeben (darin sind sie uns nicht ganz unähnlich). So wird der Basilikum zum Beispiel von oben her ständig seiner frischen Triebe beraubt, so daß der Ärmste sich voll auf die Blattproduktion konzentrieren muß. Die unterschiedlichsten Kräuter setzen – wie in der Malerei die Farben – klare Akzente. Warum aber sollte man sich nicht auch einmal, wie «die Wilden», eine gewagt kräftige Mischung nach individuellem Gusto und Gemütszustand zusammenstellen?

IM Nestler

Capelli furiosi

SPAGHETTI PICCANTI

SPAGHETTI, PRICKELND GEWÜRZT

(Zubereitung 20 Min.)

Eines der wenigen Rezepte, bei dem wir von unserem Grundsatz abgehen, durch zu viele Kräuter Geschmacksverwirrung zu stiften. Sorglos mischt sich hier die herrlich kraftvolle Vielfalt des toskanischen Kräutergartens. In getrockneter Version ist er jederzeit aus dem Gewürzregal abrufbar und auch für die kräuterarme Zeit geeignet.

400 g Spaghetti
5 EL Olivenöl
6 Knoblauchzehen
2 zerkrümelte Peperoncini
2 Pelati mit 2 EL Tomatensaft aus der Dose
Salz
4 EL Trocken-Kräutermischung aus Rosmarin, Salbei, Basilikum Majoran, Thymian und Petersilie
3 EL getrockneter Origano
Parmesan nach Geschmack

In einer Pfanne mit 4 Eßlöffeln Olivenöl werden die Knoblauchzehen mit der Gabel zerdrückt. Auf kleiner Flamme langsam erhitzen, bis der Knoblauch Farbe annimmt. 2 zerkrümelte Pfefferschoten, 2 *pelati*, ebenfalls zerdrückt, und 2 Eßlöffel ihres Dosensaftes werden hinzugefügt und leicht gesalzen, bis eine dickflüssige Konsistenz erreicht ist. Bei niedriger Temperatur noch 5-6 Minuten köcheln lassen.
Spaghetti kochen, abgießen und in einer gewärmten Schüssel mit 1 Eßlöffel Öl und allen getrockneten Kräutern gründlich mischen, ehe der pikante Tomatensugo daruntergehoben wird.
Der zufriedene Blick ruht nun auf einer zart-rosa Spaghettiformation, mit winzigen, lustigen Pünktchen, vergleichbar mit einem Minikonfetti-Regen. Dazu wird geriebener Parmesan gereicht.

SPAGHETTI ODER LINGUINE AL PESTO

(Zubereitung 25 Min.)

Dieses Gericht kommt aus Ligurien. «*Pestare*» heißt stoßen. Dies bezieht sich auf den Basilikum, die Pinienkerne und die weiteren Zutaten, die im Mörser oder der Kräutermühle zerstoßen werden.

400 g Spaghetti oder Linguine
100 g Kartoffeln, in ca. 0,5 cm große Stücke gewürfelt
100 g zarte grüne Böhnchen, in ca. 1 cm große Stücke geschnitten

PESTO:
5 EL Olivenöl
2-3 Knoblauchzehen
30 g Pinienkerne
12 große oder 20 mittlere Basilikumblätter
Salz, Pfeffer aus der Mühle
40 g Kapern

Die Zutaten für den Pesto im Mörser zerreiben oder in der Kräutermühle fein zerhacken.
Inzwischen die Spaghetti zusammen mit den gewürfelten Kartoffel- und den Bohnenstücken kochen, abgießen, in einer vorgewärmten Schüssel den *pesto* gut untermischen. Sofort servieren. Sie und Ihre Gäste werden von dem unvergleichlichen Duft bezaubert sein!

LINGUINE AGLI AROMI DEL MEDITERRANEO

LINGUINE MIT DEN DÜFTEN VOM MITTELMEERRAUM

(Zubereitung 40 Min.)

400 g Linguine
300 g frische Erbsen
2 EL Olivenöl
1 Zweiglein Rosmarin
5 Blätter Salbei
12 Blätter Basilikum
1 kleiner Bund Petersilie
Salz, Pfeffer
50 g Butter
Parmesan

Die Erbsen aus den Schoten streifen und Salbei, Basilikum und Petersilie kleinhacken. Das Olivenöl in einer Kasserolle erwärmen, den Rosmarin hineingeben, dann die restlichen Kräuter und die Erbsen zufügen. Mit einer halben Tasse warmen Wassers angießen und auf niedriger Flamme ca. 20 Minuten köcheln lassen. Mit Salz und Pfeffer abschmecken. Wenn die *linguine* abgegossen sind, ziehen wir die Butter unter und mischen in einer großen vorgewärmten Schüssel die Kräutermischung dazu. Der Parmesan wird am Tisch darübergerieben.

HINEIN INS GEMÜSE

Diese Geschichte spricht von einer schicksalhaften Verflechtung des Luciano Parri – passionierter Gemüsehändler – mit einem seiner natürlichen Hauptwidersacher, dem in Italien heimischen Stachelschwein. Unsozial, unfreundlich und lichtscheu, obendrein ziemlich dumm, aber eher schön als häßlich, frißt und wühlt es sich, dem eigenen stumpfen Triebe verfallen, allnächtlich durch Lucianos Gemüsegarten. Beißt hier mal rein und da mal ab, völlig desinteressiert an Reife und Qualität der mit solcher Hingabe gesäten oder in schnurgeraden Reihen gepflanzten Gemüse.
Wir selbst könnten da auch ein Lied mitsingen, aber mein Mann bat mich dringend, an diesem Trauma nicht zu rühren. Kürzlich erst sagte er zu Luciano, wenn es ein Gegenteil zu «Gemüse» gibt, so ist das «Stachelschwein»! Er hat dann am Ende vor diesem auch kapituliert und seinen «Klostergarten» zu einer Wildnis verkommen lassen, für die sich nun kein Schwein mehr interessiert. Sich selbst wandte er daraufhin der Etruskologie zu.

Der inzwischen zugewucherte Flecken da unten am Bach heißt übrigens bei den Jägern noch immer *«l'orto di Gerardo»* – der Garten von ...
Jeder wird nun verstehen, wenn man seinen Mann – in Gedanken ans nächtliche Treiben dieser Gartenwüstlinge – allmorgendlich den Cappuccino nur noch mit geballter Faust schlürfen sieht (kaum, daß er sich die Tasse entwinden ließ). Jeder wird also verstehen, wie fröhlich dagegen das gemeinsame Abendessen bei Luciano war, wie köstlich erst der üppig bemessene Hauptgang mundete: *istrice in umido!* Das bekommen Sie in keinem Restaurant – Stachelschwein, kurz angebraten und in einem aromatischen kräftig gewürzten Tomatensugo weitergeschmort, dazu als Beilage alles, was dem Tier einst selbst so gut schmeckte, zum Beispiel:

AUBERGINEN:
Ein Nachtschattengewächs, vermutlich aus Indien eingeführt, ist sie heute im ganzen Mittelmeerraum heimisch geworden. Sie ist eine der schönsten Gemüsepflanzen mit dekorativen violetten Blüten und zumeist tiefvioletten keulenartigen Früchten. Glänzend, prall, fleckenfrei und ohne Runzeln mit grünem Stielansatz sollten Sie sie auswählen. Es gibt noch eine Varietät, die rund und eher fliederfarben ist, immer gilt das Prinzip der Erntefrische (grüner Stielansatz) und Sonnenreife.

Entscheiden Sie sich im Zweifel immer für kleinere Früchte, dann teilen Sie die Aubergine erst unmittelbar vor der Zubereitung in entsprechende Stücke oder Scheiben, deren Schnittflächen Sie salzen, um ihnen das bittere Fruchtwasser zu entziehen und das Aroma zu verdichten. Nach einer Stunde wird sie abgespült, getrocknet und weiterverarbeitet.

BROKKOLI:
Uns vertraut als grünstengeliger Kohl, von dem wir die Stengel mit den geschlossenen Blüten verarbeiten. Beginnt er womöglich schon gelb zu blühen, sollten wir ihn zurückweisen, dann wird sein Kochgeruch auch etwas penetrant werden. Da wir die Brokkoli hier als Pasta-Zutat verwenden, ist auch ihr dekorativer Aspekt nicht zu vernachlässigen. Blanchieren und danach kalt abschrecken, das erhält uns sein frisches Grün auch auf dem Teller.

BLUMENKOHL:
Wie sein eben beschriebener Bruder, nur weißköpfig, er soll besonders fest geschlossen sein, mit den ihn umgebenden festen grünen Blättern zeigt er seine Frische. Die Kochzeit beträgt 25-30 Minuten. Seinen eigenwilligen Kochgeruch können Sie durch Zugabe von einem Stück Brot ins Salzwasser mildern.

PAPRIKA:
Grün, gelb und rot, so farbenfroh liegen sie prall und glänzend, also knackig frisch, im Gemüsekorb. Es ist immer die gleiche Sorte in verschiedenen Reifestadien, und wenn Sie ihn anklopfen, dann soll er schön hohl klingen. In Italien werden Paprika *peperoni* genannt. Nehmen Sie die dickfleischigen als Gemüse und die dünnwandigen, meist etwas länglicheren für die Pasta-Soße.

PFEFFERSCHOTEN
ODER CHILISCHOTEN:
Es handelt sich hier mehr um ein Gewürz. Wir haben sie zur Unterscheidung der Paprika hintangestellt. In Italien nennt man sie *peperoncini.* Es gibt sie in zahlreichen Variationen: klein, größer, blaß bis dunkelgrün und gelb bis feuerrot. Die bekanntesten sind klein und rot, werden auf Schnüre aufgezogen und sind höllisch scharf. Wir verwenden sie ausschließlich getrocknet, also das ganze Jahr über, aber Vorsicht! Zum einen soll man sie feinst dosiert zur Würzung verwenden, zum anderen sich danach nicht versehentlich ins Auge wischen. Das sagt schon alles über ihre phantastisch-pikante feuerspeiende Schärfe.

PILZE:
Der Phantasie des Sammlers seien keine Grenzen gesetzt. Wir wollen uns hier auf den Steinpilz konzentrieren. Wie bei jedem Gemüse, verrät sich mangelnde Frische durch Wasserverlust. Wir prüfen zuerst, ob der Stiel fest, die Kappe elastisch und trocken, Stiel und Schwamm möglichst frei von Madenlöchern sind. Denn auch die kleinen Würmchen wissen schon, was gut schmeckt. Gut belüftet, ohne Druckstellen gelagert, sind sie notfalls auch zwei Tage haltbar. Der Pasta wird vom Steinpilz ein unvergleichliches Aroma verliehen. Getrocknete Steinpilze sind ein klassisches Mitbringsel aus der Toskana, wo sie in der *macchia* und dann in den Kastanienwäldern des Monte Amiata den großen Teil des Jahres reich zur Verfügung stehen.

STANGENSELLERIE:
Ich entschuldige mich höflichst bei der Knolle und widme mich nur der langen, oft auch gebleichten Staude. Wir mögen sie auch roh, nachdem die Fäden abgezogen sind, vielleicht mit einer Stippe aus feinstem Ölivenöl und Pfeffer. Ganzjährig im Handel, gibt der Sellerie manchem *sugo* auf Gemüsebasis die rechte Abrundung.

ZUCCHINI:
Wer einen Nachbarn mit Garten hat, weiß es vielleicht: *zucchini* zählen immer noch zu den gefürchtesten Geschenken in deutschen Landen. 10 Kilo schwer, wird er stolz über den Zaun gewuchtet, stößt auf Verlegenheit und tritt seine lange Reise an. Dann landet er bestenfalls vielleicht bei einem italienischen oder türkischen Gartenbesitzer. Dieser wird nach seiner Reifezeit nur die Samen verwenden, um damit herrliche kleine Zucchini zu züchten, nicht größer als eine mittlere Banane!
Selbst die männlichen Blüten an den Stengeln werden vom Kenner fritiert nicht verschmäht. Es gibt auch eine rundfruchtige Sorte, die in Tennisballgröße geerntet und meist mit einer Hackfleischfülle auf den Tisch kommt. Noch etwas – noch immer wissen viele Verkäufer nicht, wie man richtig ausspricht, was doch so einfach ist:

Genau wie beim Chianti wird «ch» wie «k» ausgesprochen, also «zukkini»!

ZWIEBELN:
Aus Gewohnheit ziehe ich die milde rote vor. Vielleicht ist es ihre inspirierende ins Violett spielende Schönheit, aber auch ihre aromatische Süße. Jedenfalls ist sie sehr gut lagerfähig, und das ist nicht unwesentlich. Es gibt aber auch milde weiße Sorten, mit jedoch geringerer Lagerqualität. Wer einer scharfen Blonden nichts abschlagen kann, sollte allerdings auch an die Tränen danach denken!

FUSILLI AL POMODORO E MELANZANE

FUSILLI MIT TOMATEN UND AUBERGINEN

(Zubereitung 25 Min. plus 1 Std. Abtropfzeit der Auberginen)

400 g Fusilli
2 EL Olivenöl
1 Knoblauchzehe
1 kleine rote Zwiebel
200 g Pelati
1–2 kleine Auberginen (ca. 150 g)
Salz
2 EL Öl (zum Anbraten der Auberginen)
1 Bund Petersilie
6 Blätter Basilikum
Parmesan

In 2 Eßlöffeln Öl den Knoblauch mit der Gabel breit drücken, goldgelb werden lassen und entfernen. Die kleingewürfelte Zwiebel hinzufügen und glasig werden lassen. Die *pelati* zugeben, zerdrücken und ca. 15 Minuten köcheln lassen. Die tiefviolette Aubergine ist eine sinnlich-haptische Frucht, ein echter Handschmeichler. Wählen Sie der Qualität wegen immer die kleinsten Früchte aus. Um sie geschmacklich zu verdichten, wird sie vorher präpariert, indem man sie längs in 0,5 cm dicke Scheiben teilt, die Schnittflächen salzt und nach ca. 1 Stunde mit einem Küchentuch abtupft. Dann wird sie gewürfelt und, mit 2 Eßlöffeln Öl angebraten, der Tomatensoße beigegeben. Der *sugo* wird über die *fusilli* verteilt, zusammen mit der zerhackten Mischung aus Petersilie und Basilikum. Die rotgrünweiße Sinfonie mit violetten Akzenten schließt mit einem Finale in Form eines milden Parmesanregens.

PENNE AL CAVOLFIORE

PENNE MIT BLUMENKOHL

(Zubereitung 40 Min.)

Mit diesem und den nun folgenden Gemüserezepten komme ich den figurgestreßten Frauen und Männern weiterhin freundlich entgegen. Sie können die auf diese Weise angerichtete Pasta nahezu unbeschwert genießen. Bei Sportlern ist sie sehr geschätzt als *dieta mediterranea*, lecker, gehaltvoll, ausgewogen, aber immer die gute Form gewährleistend.

400 g Penne rigate
5 EL Olivenöl
1 kleine rote Zwiebel
½ Blumenkohl (ca. 200 g)
2 Pelati und 4 EL ihres Dosensaftes
Salz, Pfeffer aus der Mühle
Parmesan

Die Zwiebel häuten und kleinhacken, im heißen Öl lassen wir sie glasig werden. Nach etwa 10 Minuten die Blumenkohlröschen hineingeben, mit den im Tomatensaft zerdrückten *pelati* auffüllen, auf kleiner Flamme 40 Minuten vorsichtig garen, ab und zu umwenden.
Inzwischen ist die Pasta gekocht und abgegossen. Sie wird mit dem *sugo* gemischt. Parmesan darüberreiben.

500 g ℮

PENNE CON BROCCOLI

PENNE MIT BROKKOLI

(Zubereitung 45 Min.)

400 g Penne rigate
ca. 250 g Brokkoli
4 Knoblauchzehen
4 EL Olivenöl
Salz
Parmesan

Die Brokkoli werden zerpflückt und in ½ l Salzwasser ca. 20 Minuten gekocht. Danach werden sie herausgehoben und warm gestellt. Das Brokkoliwasser wird zusammen mit weiterem Salzwasser, entsprechend der Pasta-Menge, zum Kochen der Penne verwendet. Während die Penne ihrer Garzeit entgegensprudeln, zerdrücken wir die Knoblauchzehen in kaltem Olivenöl. Dieses vermischen wir in einer Schüssel mit den Penne und ziehen dann die Brokkoli unter. Mit Parmesan servieren.

SPAGHETTI ALLA SALSA DI CIPOLLE

SPAGHETTI MIT ZWIEBELSOSSE

(Zubereitung 20 Min.)

400 g Spaghetti
4 weiße Zwiebeln
½ EL gehackter Thymian oder Majoran
½ Glas Weißwein
½ Glas frische Sahne
1 EL geriebener Parmesan
Salz

Die Zwiebeln enthäuten, vierteln und in feine Streifen schneiden. Zusammen mit dem Thymian oder Majoran werden sie im Wein leicht gesalzen, dem wir noch die gleiche Menge Wasser zugeben, 15 Minuten auf kleiner Flamme kochen. Dann vom Herd nehmen und die Sahne untermischen.
Die Spaghetti sind *al dente* und werden mit dem *sugo* vermengt, Parmesan darüberreiben und nochmals mischen.

FARFALLE CON PROSCIUTTO E PISELLI

FARFALLE MIT SCHINKEN UND ERBSEN
(Zubereitung 35 Min.)

400 g Farfalle
1 kleine Zwiebel
120 g gekochter, magerer Schinken
40 g Butter
1 Glas Weißwein
400 g feinste Erbsen
100 g panna da cucina
50 g geriebener Parmesan
1 TL gehackte Petersilie, Thymian
Salz, Pfeffer aus der Mühle

Die Schmetterlingsnudeln wie auf der Packung angegeben *al dente* kochen, allerdings rechtzeitig prüfen, ob die Hersteller bei ihren Angaben nicht doch zu großzügig waren. In der Zwischenzeit die Zwiebel und den gekochten Schinken sehr fein würfeln und in der Butter dünsten. Wenn die Zwiebelwürfelchen glasig sind, mit Weißwein ablöschen und nun die handverlesenen frischen Erbsen zugeben. Mit Salz und Pfeffer abschmekken. Der Garprozeß dauert je nach Erbsensorte zwischen 15 und 30 Minuten. Wer Tiefkühl- oder Dosenerbsen verwendet, sollte die Garzeit entsprechend verringern, Dosenware braucht nur noch erhitzt zu werden.
Danach alles mit Sahne verfeinern, Reibkäse und gehackte Kräuter unterziehen und mit der Pasta vermischen. In der Zwischenzeit sind längst die Teller vorgewärmt und der Tisch gedeckt, so daß wir die Farfalle sofort servieren können.

SPAGHETTI AGLI SPINACI ALLA SYLVIA

SPAGHETTI MIT SPINAT NACH SYLVIA
(Zubereitung 40 Min.)

350 g Spaghetti
300 g frischer Blattspinat
(gekocht und gepreßt bleiben ca. 150 g)
80 g Butter
2 Knoblauchzehen
bis zu 1/2 l Milch
Salz
Pfeffer aus der Mühle
etwas geriebener Muskat
80 g Ziegenfrischkäse

Spinat gut waschen, in Salzwasser 5 Minuten blanchieren, durch ein Sieb fest ausdrücken und mit dem Wiegemesser zerkleinern.
Die Butter sanft schmelzen, die zerdrückten Knoblauchzehen hineingeben, den Spinat dazu, der sofort die Butter gierig aufsaugt. Jetzt wird mit der Milch aufgefüllt, auch sie ist im Nu weg. Wenn Sie aber gefrorenen Spinat verwenden, nehmen Sie etwas weniger Milch. Abschmecken mit Salz, Pfeffer und etwas Muskat.
Das Pasta-Wasser wartet bereits. Wir kochen die Spaghetti wie gehabt und ziehen sie in einer angewärmten Schüssel unter den Spinat.
Der gut gekühlte Frischkäse wird mit der Gabel in kleine Bröckchen gestochen, die wie große Schneeflocken über die Spaghetti rieseln. Am Tisch wird portioniert, und jeder Gast mischt seinen Ziegenkäse selbst unter die Pasta, so verbindet er sich cremig zart mit der grün-gelben Pracht. Ähnlich wie beim Spaghettidrehen spielt sich dieses Manöver wie folgt ab: Die Gabel übernimmt die Aktion. Sie sticht in das Pasta-Häufchen, ergreift einige Nudeln, dreht leicht an, schwingt hoch, senkt ab, richtet die Käseflöckchen, greift erneut an, hinein, dreht bei, hinab, heraus. Bald ist alles schön verteilt und gebunden. Man widme sich in genießerischer Freude dieser Pasta-Premiere.

Toskanische Braut

FUSILLI CON PEPERONI

FUSILLI MIT PAPRIKA

(Zubereitung 25 Min.)

400 g Fusilli
1 gelber Paprika
8 EL Olivenöl
3-4 Pelati
2 TL gehackte Petersilie
Salz, Pfeffer aus der Mühle
Parmesan

Den goldigen Paprika entkernen und in 2 cm breite Streifen schneiden, in 4 Eßlöffeln Olivenöl ca. 10 Minuten garen, dann die Pelati zerdrückt dazugeben und zusammen mit dem restlichen Öl und der Petersilie weitere 10 Minuten garen. Mit Salz und Pfeffer abschmecken, unter die fertiggekochten Fusilli mischen. Abschließend mit Parmesan verfeinern.

FUSILLI CON OLIVE NERE E CAPPERI

FUSILLI MIT SCHWARZEN OLIVEN UND KAPERN

(Zubereitung 20 Min.)

400 g Fusilli
2 EL Olivenöl
2 Knoblauchzehen
100 g schwarze entkernte Oliven
50 g Kapern
1 EL gehackte Petersilie
80–100 g Thunfisch (in Öl eingelegt)
Salz, Pfeffer aus der Mühle

Während das Pasta-Wasser kocht, lassen wir den Knoblauch zerdrückt im Olivenöl etwas Farbe annehmen und fügen die Kapern und die entsteinten Oliven hinzu. Dieses Gemisch wird mit ca. 2 Eßlöffeln des bereits kochenden Pasta-Wassers angegossen und dann mit der Petersilie und dem Pfeffer gewürzt. Lassen Sie noch 5 Minuten weiterköcheln.
Dann nehmen Sie den Topf vom Feuer, lassen den Thunfisch abtropfen (das Öl in den Dosen ist meistens von erbärmlicher Qualität), lockern ihn leicht auf und geben die Stücke dazu. Die fertiggegarten Fusilli abgießen und den *sugo* vorsichtig unterziehen.

SPAGHETTI ALLE OLIVE NERE E VERDI

SPAGHETTI MIT SCHWARZEN UND GRÜNEN OLIVEN

(Zubereitung 15 Min.)

400 g Spaghetti
175 g schwarze Oliven
175 g grüne Oliven
5 EL Olivenöl
Salz, Pfeffer aus der Mühle

Dieser *sugo* wird nicht gekocht. Die Oliven werden entkernt, grob mit dem Wiegemesser gehackt und mit einem kaltgepreßten Olivenöl in einer gut vorgewärmten Schüssel mit der Pasta vermengt. Fertig.

PENNE CON SEDANO E CAROTE

PENNE MIT SELLERIE UND KAROTTEN

(Zubereitung 30 Min.)

400 g Penne
5 EL Olivenöl
1 Knoblauchzehe
2 mittelgroße Stengel Sellerie (ca. 100 g)
2 Karotten
Salz, schwarzer Pfeffer aus der Mühle
100 g Butter
Parmesan

Der abgezogene Sellerie wird in schmale ca. 3 cm lange Streifen geschnitten, ähnlich teilen Sie die Karotten in dünne Stäbchen auf. In einer Kasserolle wird der zerdrückte Knoblauch im heißen Öl blondiert, das Gemüse zugefügt und für 10 Minuten langsam gegart. Mit Salz und Pfeffer abschmecken. Die fertigen Penne werden in einer warmen Schüssel mit der Butter vermengt und sofort der Gemüsesugo zusammen mit 1 Eßlöffel Parmesan untergezogen. Natürlich kann hier auch je nach Gusto beliebig mit Parmesan «nachgebessert» werden.

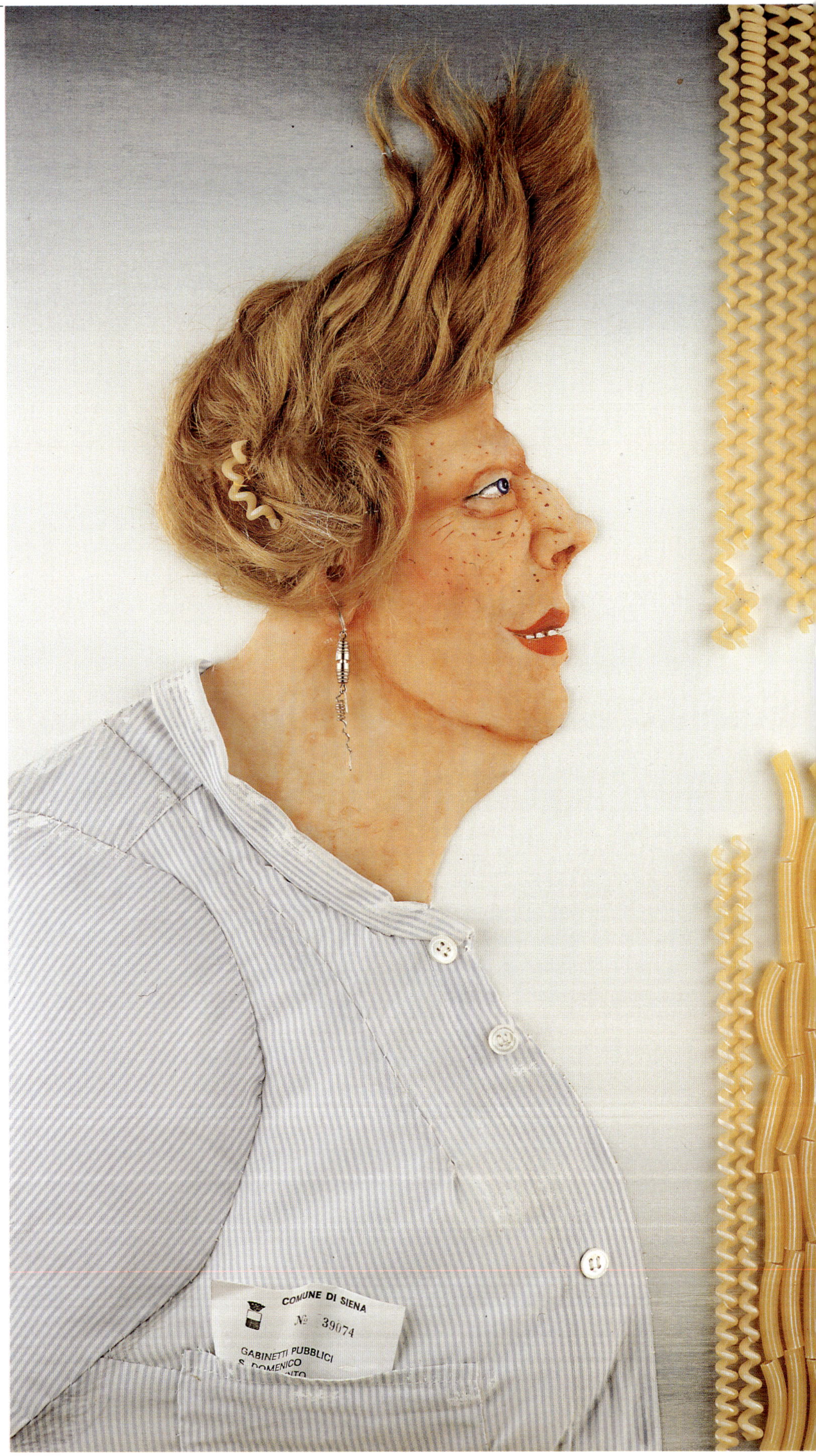

STIMULANZ UND LINDERUNG

Wie wir wissen, sind Temperament und Laune eines Menschen auch vom Zustand seines Magens abhängig, der säurearm, übersäuert oder gereizt sein kann, je nach Kost oder seelischem Streß.
Dem wollen wir natürlich entgegenwirken und mit der richtigen Ernährung einen kleinen Beitrag zum guten Klima im häuslichen und beruflichen Bereich sorgen.
Beruhigend wirken runde, cremige *sughi*, die, wohlbedacht mit etwas bitterem Salbei unterlegt, selbst den Nervösen friedlich stimmen. Die Beigabe von

Nord contra sud

geriebenem Muskat schlägt obendrein auch manchen depressiven Anflug nieder!
Scharfe Speisen bringen den schlaffen Papi, den appetitlosen Sohnemann oder die Tochter, die die Schularbeiten am liebsten ignoriert, wieder in die Gänge. Auch ein lustiger Anblick, der durch buntes Gemüse wie gewürfelte Karotten, Tomaten, Sellerie, Zucchini, gelbe, grüne und rote Paprika, Auberginen und Erbsen gewährleistet ist, kann der ausgebaumelten Seele wieder einen kleinen Schwung geben.
Witziger wird es noch durch *farfalle* (Schmetterlinge) oder *fusilli* (gedrehte Teigwaren). Sollte aber bereits eine Konfusion eingetreten sein, ist es wohl besser, doch keine *fusilli* zu kochen, denn ihre verdrehte Struktur kann Chaos stiften.
Zur stillen Versöhnung eignen sich dann gemütliche *pipe* (Pfeifen), mit denen man in diesem Falle nicht raucht, sondern mit Erbsen in Sahnesoße serviert einen Beitrag zum häuslichen Frieden liefern.

PENNE ALL' AMATRICIANA

PENNE MIT TOMATEN UND SPECK

(Zubereitung 25 Min.)

400 g Penne rigate
1 mittlere rote Zwiebel
2 EL Olivenöl
1 Scheibe magerer luftgetrockneter Bauchspeck (ersatzw. luftgetr. Schinken)
1 kleiner Peperone (peperoncino)
350 g Pelati oder frische San-Marzano-Tomaten
Salz
Pecorino romano (geriebener Schafskäse)

Wir schneiden die Zwiebel in kleine Würfel und garen sie im Öl auf niedrigster Flamme ca. 10 Minuten. Sollte sie beginnen etwas anzusetzen, mit wenig Wasser ablöschen.
Den gewürfelten Bauchspeck zugeben und ca. 5 Minuten mitköcheln lassen, bis er, wie auch die Zwiebeln, glasig ist. Jetzt zerreiben Sie den *peperoncino* (getrocknete Pfefferschote) darüber und geben die zerdrückten Pelati aus der Dose dazu; mit Salz abschmecken und in der Schüssel unter die Penne ziehen. Am besten wird hier Schafskäse, *pecorino romano*, darübergerieben.
Den Namen bezieht dieses Gericht übrigens von einer Ortschaft bei Rom, wo einst die römischen Künstler ihre schönsten Modelle fanden.

SPAGHETTI ALL' ABRUZZESE

SPAGHETTI NACH ABRUZZESER ART

(Zubereitung 25 Min.)

400 g Spaghetti
500–600 g San-Marzano-Tomaten
1 Zwiebel
5 EL Olivenöl
1 kleiner Bund Petersilie
1 Handvoll Sellerieblätter
frische Minze
1 Tasse Fleischbrühe
1-2 getrocknete Pfefferschoten
Salz
2 Knoblauchzehen
Parmesan und Pecorino

Tomaten kurz überbrühen, entkernen, durch ein Sieb streichen. Zwiebeln würfeln und in heißem Olivenöl hellgelb rösten. Die gehackten Kräuter mit dem Tomatenbrei vermischt zugeben. Dann die Brühe und die Pfefferschoten zugeben, salzen und vor sich hin köcheln lassen. In diesem Fall mischen wir den Knoblauch – frisch gepreßt – zum Schluß unter. Da er keinen direkten Kontakt mit dem heißen Öl hat, muß er diesmal auch nicht entfernt werden.
Inzwischen ist die Pasta *al dente,* und das Ganze kann serviert werden. Während wir den Parmesan oder Pecorino darüberreiben, freuen wir uns auf dieses prickelnde, herzhafte Gericht, das den Magen angenehm stimulieren wird.

PENNE CON LE BRICIOLE

PENNE MIT GERÖSTETEN BRÖSELN

(Zubereitung 20 Min.)

Eine verblüffende, lustige Soße, besonders für Kinder, wenn es mal ganz was anderes sein soll.

400 g Penne rigate
5 EL Olivenöl
100 g altbackenes Brot in 0,5 cm kleinen Würfeln
½ Scheibe (ca. 100 g) Bauchspeck oder luftgetrockneter Schinken
Parmesan nach Lust und Laune

Mit 4 Eßlöffeln Olivenöl werden die Brotbröckchen herzhaft etwa 4 Minuten in der Pfanne geröstet, bis sie goldbraun-kroß sind. Separat werden auch die Speckwürfel kroß gebraten, bei denen man beachten sollte, daß sie in der Pfanne leicht ansetzen.
Zwischenzeitlich kümmern wir uns um die Pasta. Ist diese fertig, wird sie in der vorgewärmten Schüssel mit 1 Eßlöffel Olivenöl angemacht. Dann werden Bauchspeck und Brösel zugemischt. Darüber reiben wir Parmesankäse.
Buon appetito!

Pasta-Freak

Farfalle
Spaghetti
Sedanini
Conchiglie
Penne
Creste
Fusili
Tagliatelle
Rigatoni

ALLA CARBONARA – UND WIE!

Nun erleben wir einmal einen *sugo*, in dem die Tomate ihre gewohnte Hauptrolle abtreten muß – an Bauchspeck und Eier. Doch da die Köhlerin wohl meist von harten verrußten Männern umgeben war, tat sie noch ein übriges und hat ihre Soße kräftig mit schwarzem Pfeffer gewürzt. So kam sie (die Soße – aber vielleicht auch schon mal die Köhlerin) den Tischgenossen optisch nahe.

SPAGHETTI ALLA CARBONARA

SPAGHETTI AUF KÖHLERART

(Zubereitung 25 Min.)

400 g Spaghetti Nr. 5–7,
also die eher dickeren Sorten
3 dünne Scheiben magerer, möglichst luftgetrockneter Bauchspeck (pancetta), ca. 3 mm dick
1 Peperoncino (Pfefferschote)
3 TL schwarzer Pfeffer aus der Mühle
4 Knoblauchzehen
2 Eigelb
Salz
3 EL Pecorino

Konzentration, Messer schärfen, Ärmel aufkrempeln: Bei diesem Gericht ist exaktes Timing gefragt. Sie haben den Bauchspeck kleingewürfelt und in einem nicht zu kleinen Topf (der später noch die ganze Pasta aufnehmen soll) kroß ausgebraten. Dazu geben sie den Peperoncino sowie 2 Teelöffel Pfeffer und nehmen den Topf vom Feuer. Nun erst gibt man den feingehackten Knoblauch hinzu.
Jetzt sollten auch die Spaghetti auf den Punkt *al dente* sein, damit man sie nach dem Abgießen mit vollem «Aplomb» in den Topf mit dem *sugo* geben kann, worin sie schnell gewendet werden. Deckel auf den Topf und die 2 Eigelbe in einer Tasse mit 1 Teelöffel schwarzen Pfeffer gut verrühren.
Wenn die Temperatur der Pasta schätzungsweise 80 °C unterschritten hat (damit das Eigelb nicht stockt), die verrührten und gesalzenen Eigelbe gründlich und gleichmäßig unterziehen. Nun haben die Spaghetti einen schönen glatten Gilb als Überzug. (Das unterscheidet sie von den oft auch im Restaurant angebotenen Versionen, die man manchmal einfach als Spaghetti mit Rührei und Schinkenspeck bezeichnen könnte.)
Zum Abschluß zieht man den geriebenen *pecorino* (Schafskäse) unter. Stellen Sie die Pfeffermühle ruhig mit auf den Tisch, manche können's nicht scharf genug kriegen!
Als kleine Variation kann man auch eine gewürfelte Zwiebel zum Bauchspeck geben.
Feige, risikoscheue Köhlerinnen und Ungeübte mogeln sich mit Sahne durch, an Stelle des Eigelbs.
Würzen kann man dann mit gehackter Petersilie oder Origano. Aber gepfeffert wird in jedem Fall, daß kein Auge trocken bleibt.

SPAGHETTI ALLA CARBONARA ALLA CASA TICCI

MILDERE VARIANTE NACH ART DES HAUSES TICCI

(Zubereitung 40 Min.)

400 g Spaghetti (mittlere Stärke)
3 EL Olivenöl
2 Knoblauchzehen
2 Scheiben luftgetrockneter Bauchspeck, je ca. 100 g, in Würfeln
2 Eigelb
1 Ei (ganz)
Salz
½ Glas Weißwein
viel schwarzer Pfeffer aus der Mühle
geriebener Pecorino

Zuerst mit 1 Eßlöffel Olivenöl die zerdrückten Knoblauchzehen in der Pfanne goldgelb werden lassen, herausnehmen, dann den gewürfelten Bauchspeck hineingeben, erhitzen, bis er glasig ist, und mit dem $^1/_2$ Glas Weißwein ablöschen, 3 Minuten einköcheln lassen. Inzwischen ist das Pasta-Wasser aufgesetzt.
Separat in der angewärmten Schüssel, in der später serviert wird, die Eigelbe und das Ei gut verrühren, salzen und mit 2 Eßlöffeln Olivenöl mischen.
Die Spaghetti, die genau auf den Punkt gekocht sind, abgießen. Jetzt brauchen wir eine hilfreiche Hand, wenn möglich zwei, die die Spaghetti portionsweise aus dem Sieb in die vorgewärmte Schüssel gibt, während die Ei-Öl-Mischung rasch untergezogen wird. Dann geben wir die geschmolzenen Speckwürfel dazu und mahlen während des Mischens ordentlich viel schwarzen Pfeffer hinein. Viel bedeutet in diesem Falle, er sollte gut sichtbar sein, so daß die ganze Pasta gleichmäßig pigmentiert ist, daher der Name *carbonara* (*carbon*e = Kohle). Dazu wird wieder ein lang gelagerter *pecorino* als geriebener Schafskäse gereicht.

Pasta-Jongleur
Pierot Lunaire

HEISS GELIEBT – VIEL GESCHMÄHT

Der *aglio*, Freund Knoblauch, ist nördlich der Alpen eines der meist diskutierten Gewürze, als zelebrierte Erinnerung an streßfreie Urlaubstage heiß geliebt und andererseits viel geschmäht. Manchmal ist die Angst vor ihm so gewaltig, daß er ganz aus der Küche verbannt wird. Wie schade! Dabei ist er wirklich nicht nur gesund: harntreibend, verdauungsfördernd und gilt deshalb in der Toskana als «die Apotheke des Landmanns» schlechthin. Unmöglich ihn wegzudenken aus der schon so nuancenreichen Küche des Südens, ist er doch wie ein lauer Sommerwind, der die würzigen Düfte versammelt zu uns herüberträgt. Er ist Mittler und Protagonist in einem. Man kann auf ihm spielen wie auf einer Klaviatur: zart, kaum vernehmbar, furios, wenn es mal sein soll, und völlig daneben.

Bei den meisten Pasta-*sughi* nehmen wir ihn deshalb aus dem heißen Öl, kaum daß er eine goldgelbe Farbe angenommen hat. Nun hat er nämlich dessen Bitterstoffe gebunden und dafür aufopfernd sein eigenes Aroma abgegeben! Wird er dagegen in Butter angelassen, ist es nicht nötig, ihn herauszuangeln, da die Butter keine Bitterstoffe enthält. Braucht man es mal etwas bitterer, um eine noch größere Bitterkeit des Lebens auszulöschen, dann läßt man ihn im Öl noch etwas weiterbrutzeln. Bei Spaghetti *aglio olio* ist dieses Aroma sehr oft erwünscht, und mancher bewältigt mit solcher Bitternis gar seine Steuerprobleme besser. Das ist dann zwar etwas weniger bekömmlich, aber der Ärger mit dem Finanzamt ist es ja auch nicht. Bei einigen knoblauchscharfen Gästen und bei ebensolchen Soßen füge ich die tolle Knolle auch kurz vor Ende der Garzeit frisch gepreßt hinzu, dann behält sie noch ihre Schärfe, die, ähnlich dem frisch gepreßten Olivenöl, zugleich auch eine von Kennern geschätzte höchstwillkommene Würznote ist. Wir wollen nur die frische, saftig-feste Knolle, ohne den grünen Keim. Frisch soll sie sein, weiß oder zart altrosé, hier dürfen Sie ruhig mal reinkneifen. Der frische Knoblauch mit seinem unvergleichlichem Duftbukett wird uns (was uns auch lieb ist) kaum in den nächsten Tag begleiten, was man bei der schon leicht ins gelbliche spielenden älteren Knolle meist nicht sagen kann. Letztere ist auch weniger gut verdaulich. Schneiden wir die Zehe auf, entdecken wir, daß er wohl schon heimlich getrieben hat. Hebeln Sie den grünen inneren Trieb mit einem Messerchen heraus, und blanchieren Sie kurz, ehe Sie sich weiter mit ihm befassen.

Damit sich der Knoblauch lange hält, bewahren wir ihn dunkel, trocken und kühl auf. Ein idealer Platz ist beispielsweise die gut durchlüftete Speisekammer, in der unser Knoblauch in einem Leinensäckchen seiner höheren Bestimmung entgegendämmert.

SPAGHETTI AGLIO, OLIO E PEPERONCINO

SPAGHETTI MIT KNOBLAUCH, ÖL UND PFEFFERSCHOTE

(Zubereitung 15 Min.)

400 g Spaghetti
4 EL Olivenöl
5 Knoblauchzehen
1–2 Peperoncini
Salz

Der Knoblauch wird zerdrückt, im Olivenöl erhitzt und die Peperoncini dazugekrümelt. Etwas salzen und die fertigen Spaghetti damit anrichten. Mit Parmesan berieselt, ist dieses oft zitierte Gericht fix und forte.

Servizio speciale – frische Nudeln

PASTA AL SOLE – SONNEN-PASTA

Zu den Freuden des Sommers, den Erinnerungen an goldgelbe Getreidefelder unter flimmernder Hitze und an riesengroße Sonnenräder, gehören die *penne al sole*, die für besonders gute Freunde zubereitet werden. Vielleicht nicht gerade für die Schiebelhubers, die gleich nach unserem Italien-Umzug als fünfköpfige Chaosfamilie hereinschneiten und sich, «damit Ihr die deutsche Sprache nicht völlig vergeßt «, für 3 Wochen bei uns festfraßen. Für sie also keine Sonnen-Pasta. Dafür aber für die wirklich rare Spezies, die unaufdringlich die Zeit außerhalb der Saison abwartet. Dann allerdings kann das Wetter sich launisch zeigen. Und so ging es denn auch Pablo, der nördlich des St. Gotthard noch fröhliche Sonne und viele glückliche Kühe erblickte, dafür aber auf der Südseite rein gar nichts mehr sah und verstand. Alles war in dichten Nebel gehüllt. Noch weiter unten im italienischen Stiefel schüttete es wie aus Kübeln – April. Für den legt man auch hier die Hand nicht ins Feuer. Italienentflammt, verstand Pablo seinen Goethe nicht mehr, mußte er doch an Reisebeschreibungen denken, die «das Land, wo die Zitronen blühn» und dessen azurblauen Himmel in schwelgenden Tönen preisen. Auch der Ausruf meines Mannes, für solche Fälle für unsere deutschen Besucher reserviert: «Endlich Regen – wir haben ihn ja so nötig!» wirkte nicht tröstend. Weitaus erfolgreicher war da mein Aufmunterungsversuch nach dem Motto: «Hab Sonne im Herzen und Safran in der Tüte», zumal ich meine Aktivitäten in der Küchenecke «O sole mio» summend untermalte. War es nun dies oder der Wohlgeruch des in der Brühe gelösten Safrans – die Bekanntschaft, die unser Gast mit den *penne allo zafferano* machte, war der Auftakt für eine kulinarische Liebe fürs Leben, und am Tag darauf schien sie auch wieder im Original – die Sonne!

PENNE ALLO ZAFFERANO

PENNE MIT SAFRAN

(Zubereitung 20 Min.)

400 g Penne
40 g Butter
100 g süße Sahne
1 EL Fleisch- oder Gemüsebrühe
3 Tütchen Safran zu 0,125 g
40 g geriebener Parmesan
Salz, schwarzer Pfeffer aus der Mühle

Die Penne werden, wie gehabt, *al dente* gekocht – auch Sie summen vielleicht Ihr Lied dazu, so daß die Butter, die Sie zunächst schmelzen, womöglich schon darob ihre Konsistenz verliert. (Lassen Sie die Butter aber nicht bräunen.) Dahinein kommen der in der heißen Brühe gelöste Safran und die Sahne. Ein geradezu unverschämtes Sonnengelb leuchtet auf. Aufgemuntert vom strahlenden Gelb, würze ich vorsichtig mit Salz und ordentlich mit Pfeffer, dann mische ich den geriebenen Parmesan unter. Nun wird die ganze Pracht unter die Penne gejubelt und in der vorgewärmten Schüssel zu Tisch gebracht. Inzwischen haben die Gäste swingend den Tisch gedeckt, die Flaschen entkorkt und den Kamin gerichtet, wo nun auch inzwischen die Flammen tanzen. «Ecco la pasta!» Goldener Glanz ergießt sich auf die Teller und spiegelt sich in den Gesichtern wider. Auf dem Dach trommeln die Regentropfen, die Buchenscheite knistern im Kamin, und das leise, rhythmische Geklapper von Besteck und Geschirr, das Klingen der Gläser, verrät zufriedene Laune: «O sole mio!» – zumindest in der Tafelrunde.

SPAGHETTI ALLO ZAFFERANO

SPAGHETTI MIT SAFRAN

(Zubereitung 20 Min.)

400 g Spaghetti
1/2 kleine rote Zwiebel
4 EL Olivenöl
2 dünne Scheiben Bauchspeck (ca. 120 g) oder ersatzweise luftgetrockneter Schinken
1 EL Weißwein
2–3 Tütchen Safran zu je 0,125 g
Salz, Pfeffer aus der Mühle
Parmesan

Die Zwiebeln werden fein gewürfelt auf kleiner Flamme 10 Minuten in Öl gegart, dann kommt der Bauchspeck, ebenfalls fein gewürfelt, hinzu und soll wie die Zwiebeln glasig werden. Den Safran lösen wir in einer halben Tasse warmem Wasser, geben das in die Pfanne zum *sugo*, fertig. Damit werden die Spaghetti in der vorgewärmten Schale angemacht, die nun in güldenem Safranschein erstrahlen.
Bei solch strahlendem Sonnenschein ist ein hübscher Parmesanregen ein erfrischender Genuß.
Noch ein Wort zum Safran: Es sind verschiedene Qualitäten im Handel von gelb bis dunkelrot. Da Safran etwa 20 000 DM pro Kilo kostet, wird natürlich gerne gemogelt. Die aromatischen Krokuspollen werden gern mit billigen Füllstoffen angereichert, und der etwas niedrigere Preis verführt uns zum vorschnellen Kauf. Da wir aber nun die doppelte Menge brauchen, hat jemand anders sein Geschäft gemacht! Wie so oft: Qualität hat ihren Preis.

Eine Berlinerin in Firenze

ALLES KÄSE

Was die italienischen Käse angeht, so gebührt dem PARMESAN die Krone, denn er ist *il re*, der König überhaupt. Er wurde als «edle Frucht der Milch von Parma» beschrieben und zeigt damit auch gleich seinen Geburtsort an: die Städte Parma und Reggio in der Emilia – der beste ist der nach jahrhundertealten Regeln produzierte PARMIGIANO REGGIANO. Ihm ähnlich, aber nicht ganz ebenbürtig in der Qualität, ist der in gleichem Gewand auftretende GRANA PADANO, der sich bei uns ebenfalls als Parmesan ausgibt. Letzterer stammt, wie der Name sagt, aus der Gegend um Padua. Auf die Frage nach «Parmesan» antwortete die Verkäuferin einer hannoverschen Käseabteilung: «Kommen Sie doch morgen vorbei, wir sammeln noch alte Käserinden!» Das Haus wäre nicht einmal wegen Betrugs zu belangen, da «Parmesan» ein ungeschützter Begriff ist! In Italien haben laut Test selbst die geriebenen, fertig konfektionierten Parmesansorten Bestnoten erzielt. Darauf würde ich mich aber nicht verlassen. Die Edlen wissen, was sich gehört, sie tragen wie einst die Ritter das Zeichen ihrer Herkunft auf dem «Gewande».

Kaufen Sie ihn lieber frisch, er ist im Gemüsefach des Kühlschranks gut lagerfähig und bei Tisch viel schöner anzuschauen. Ja, für mich ist selbst das Reiben des Parmesan Minuten vor dem Auftragen der Pasta ein Akt der Vorfreude. Andere ähnlich gemachte Käse nennen sich in Italien ebenfalls *Grana* – was schlicht körniger Käse bedeutet (er kann auch aus Schafsmilch hergestellt sein) –, allerdings ohne den geographischen Zusatz. Nur in den deutschen Supermärkten darf sich fast jeder italienische Reibkäse Parmesan nennen. Der kluge Verbraucher weiß, daß er auf solche Feinheiten der Bezeichnung genauso achten muß wie auf die des Geschmacks. *Parmigiano Reggiano* wird nur von April bis November produziert, in dieser Zeit haben die Weiden die geforderte Grasqualität, und die Milch erfüllt alle Voraussetzungen, die an den Rohstoff für diesen feinwürzigen Edel-Käse gestellt werden. Nach einem Jahr der Reife ist der Parmesan ein exquisiter Dessertkäse, der in über 30 Kilo schweren Rädern auf den Markt kommt. Will man Reibkäse für die Pasta, wählt man am besten den zwei weitere Jahre gelagerten PARMIGIANO REGGIANO STRAVECCHIO.

Der PECORINO, der in der Toskana häufig über die Pasta gerieben wird, ist, wie sein Name schon sagt, von Hause aus ein Schafskäse. Er leitet sich von *pecora* (Schaf) ab, wird inzwischen aber fast immer unter Zusatz von Kuhmilch hergestellt. Es gibt mindestens fünf verschiedene Sorten, die je nach ihrer Ursprungsprovinz mit *il sardo, il romano, il siciliano, il pugliese* und *il toscano* bezeichnet werden. Ihr Unterschied besteht in den Herstellungsverfahren wie in der Nahrung der Schafe, die je nach Landstrich unterschiedlich ist. Er wird außerdem, in Sardinien beispielsweise, in Salzlake eingelegt, dann wird er außen ganz schwarz, wohingegen der romanische Pecorino in Öl eingelegt wird, ebenso in Apulien, seine Rinde ist dann bräunlich.
Der Pecorino aus Sizilien hat wohl den pikantesten Geschmack, er reift über zwei Monate lang. In der Toskana wird das aus einer bitteren Artischockensorte verwendete Ferment zur Gerinnung der Milch verwendet, das verleiht den toskanischen Sorten schon nach einem Monat Reifezeit einen unnachahmlichen rustikalen Geschmack.
Natürlich gibt es alle diese Käse in verschiedenen Reife- und daher auch Härtegraden. Wenn Sie es herzhaft lieben, verlangen sie einen *pecorino nero* oder *ben stagionato*, gut gelagert. Es ist erlaubt, mit Kennermine nach einem Kostpröbchen zu fragen. Satt essen sollte man sich an der Käsetheke natürlich nicht. Ein Pecorino *molto stagionato* wird «in Ehren gealtert» auch zum «*pecorino grano*», einem pikant-scharfen Reibekäse, der sich zum Beispiel vorzüglich bei den pfefferscharfen *spaghetti alla carbonara* zu behaupten weiß.

RICOTTA ist ein milder Schafs- oder Kuhmilchfrischkäse, der im Wärmebad gerinnt. Nachdem die Käsemasse in Weide- oder Plastikkörbchen abgepackt wurde, sickert die Molke heraus, dann kann man den Käse stürzen, der anschließend das charakteristische Körbchenmuster aufweist. Er wird frisch gekauft, gern noch lauwarm gegessen – wir werden ihn besonders bei unserer gefüllten Pasta zu schätzen wissen. Ricotta (= wiedergekocht) hat einen höheren Fettgehalt, als man vielleicht glauben möchte, nämlich ca. 40 Prozent in der Trockenmasse.

Die MOZZARELLA ist uns allen vertraut als der zweifelsohne am italienischsten klingende Käsename. Dieser Kuhfrischkäse wird in einem Spezialverfahren gewonnen und aus riesigen dampfenden Töpfen geschöpft. Ihren Namen verdankt sie der Tatsache, daß sie aus dem Käsebruch abgeschlagen wird, *mozzare* heißt das im Käse-Italienisch.
Ursprünglich stellte man ihn aus Büffelmilch her, doch heute nimmt man auch die Milch des zahlreicheren Maremma-Milchviehs, oder man importiert den Rohstoff in riesigen Tankwagen mit der Aufschrift *trasporto latte* aus der Schweiz und aus Bayern – Sie kennen das ja sicher, das sind die Laster, die dafür sorgen, daß Sie ihren Urlaubsort nicht mit Hochgeschwindigkeit erreichen. Mozzarella hat etwa 30 Prozent Fettgehalt und ist damit der magerste der gängigen Käse Italiens. Die glattweißen Mozzarella-Bällchen werden in Salzlake gelagert. Sie passen ausgezeichnet zu frischen Tomaten oder auf unsere Sommerpizza.

Der GORGONZOLA, ein cremefarbener Blauschimmelkäse mit 48 Prozent Fett in der Trockenmasse, hat eine Reifezeit von mindestens 2 Monaten. Dann klassifiziert man ihn in Italien als *dolce*. Sein Geschmack ist gerade noch so mild, aber doch schon so ausgeprägt, daß er ein hervorragender Begleiter mancher piemontesischer Pasta ist. Bei längerer Reife intensiviert sich seine leichte Schärfe. Der Gorgonzola heißt übrigens so, weil er nicht in Gorgonzola (bei Milano), sondern in Novara hergestellt wird! Das ist auch italienisch. Delikate Käsesoßen sind in ganz Italien zu finden. Für Fonduefreunde – und vor allem für unsere Schweizer Nachbarn – folgt nun eine Komposition aus mehreren Käsesorten als wohltuende Linderung gelegentlichen Heimwehs:

TAGLIATELLE AI QUATTRO FORMAGGI

BANDNUDELN MIT VIER KÄSESORTEN

(Zubereitung 30 Min.
plus 1 Std. Einweichzeit)

400 g Tagliatelle
100 g Fontina = Schmelzkäse
100 g Mozzarella
1 Tasse Milch
80 g Butter
100 g pecorino ben stagionato
(d. h. gut gereifter Schafskäse)
Salz
Parmesan

Den Fontina und die Mozzarella fein würfeln und für etwa 1 Stunde in die lauwarme Milch legen. Sie schmelzen dabei leicht an, sollen sich aber noch nicht auflösen. Während das Pasta-Wasser kocht, schmelzen wir die Butter und zwei Drittel des eingeweichten Käses in der Milch. Der geriebene Pecorino wird unter das verbleibende Drittel des eingeweichten Käses gezogen und nach dem Anrichten in der sehr gut vorgewärmten Schüssel darübergegossen. Und jetzt könnten wir die ondulierte Dame und den Schweizer Pastor mit Familie zu Tisch bitten.

SPAGHETTI AL GORGONZOLA (1)

SPAGHETTI MIT GORGONZOLA (1)

(Zubereitung 25 Min.)

400 g Spaghetti Nr. 4
2 EL Butter
8–10 Blätter Salbei,
in Streifen geschnitten
150 g Gorgonzola dolce
weißer, frisch gemahlener Pfeffer
Muskatnuß
100 ml süße Sahne

Während die Pasta *al dente* gekocht wird, schmelzen wir die Butter, fügen den Salbei hinzu und geben den Gorgonzola in kleineren Flocken in die Butter, wo er selig dahinschmilzt. Pfeffern und mit Muskat würzen, dann die Sahne unterziehen, einmal kurz zum Siedepunkt bringen, dann das Spaghettiwasser abgießen und die Pasta mit der Soße vereinen. In mollig warmer Schale auf den Tisch bringen und befriedigt feststellen, wie gut es allen mal wieder mundet.

SPAGHETTI AL GORGONZOLA (2)

SPAGHETTI MIT GORGONZOLA (2)

(Zubereitung 15 Min.)

400 g Spaghetti
200 g Gorgonzola dolce, milde Sorte
1 EL Olivenöl
3 EL Petersilie
2 Knoblauchzehen

Der Gorgonzola wird unter Rühren im Wasserbad geschmolzen. Die Pasta wird mit dem Olivenöl angemacht, mit dem Gorgonzola gemischt. Petersilie und Knoblauch werden zusammen fein gehackt und untergezogen.

FUSILLI AL PECORINO E PEPE NERO

FUSILLI MIT SCHAFSKÄSE UND SCHWARZEM PFEFFER

(Zubereitung 15 Min.)

400 g Fusilli
50 g Butter
150 g Pecorino stagionato
(sehr lange gelagert)
1 gehäufter TL Pfeffer, grob gemahlen

Die Pasta *al dente* kochen, abgießen, die Butter unterziehen und mit Pecorino und Pfeffer durchmengen.

M Nestler

HACK-FLEISCH VOM BESTEN!

Besonders für den Einkauf von Hackfleisch gilt: Sehen Sie sich das Stück an, bevor es in den Fleischwolf wandert. In vielen Gegenden Italiens beobachte ich mit großem Vergnügen, wie sich die Metzger als mächtige Herren ihrer geschlachteten Viecher zum Dompteur ihrer Kunden emporstilisieren. Sie inszenieren sich von den gewöhnlichen Sterblichen durch einen prächtigen Fleischtresen getrennt und zuweilen durch eine Marmorstufe erhöht. Unter knallrot getönter Decke fragen sie mit Donnerstimme nach dem Begehr. Sie, als vermutlich nicht reinstes Toskanisch sprechender Kunde, werden aber nur dann erhört und wirklich gut bedient, wenn Sie Ihren Wunsch klar und deutlich zum Ausdruck bringen und die zupackende Hand, die vielleicht doch zu einer etwas minderen Qualität abdriften will, umdirigieren. In der Küche gilt der Grundsatz, daß die Qualität eines fertigen Gerichts nie besser sein kann als die Qualität der Einzelzutaten. Sie wollen zum Beispiel das Fleisch von der Keule, halb Rind halb Schwein, ohne Sehnen und Fett zweimal durch den Fleischwolf gedreht haben. Im Sommer wählt man in Italien nur Rind, um den Magen etwas weniger zu belasten.

Sind Sie zufrieden, dann ist das nächste Mal ein Lob willkommen, wenn nicht, kann man auch seinen Unmut äußern. Es ist nie von Nachteil, wenn man zeigt, daß man selbst auch etwas von der Ware versteht. Zum einen werden Sie so leicht nicht reingelegt, zum anderen haben Sie eine wesentliche Voraussetzung für Ihr heimisches Kochvergnügen fast schon in der Tasche: gute Qualität!

Sehr eindrücklich war mir die Szene, in der ein Kunde in Siena, der sich wohl schlecht bedient fühlte, beim nächsten Besuch dem Schlachter ein «*Assassino! Assassino!*» (Mörder! Mörder!) entgegenbrüllte, was ja im Grunde schon von Berufs wegen stimmt. Vielleicht sollten Sie aber Ihren Tadel etwas gemäßigter ausfallen lassen, denn so ein Schlachtruf will gekonnt angebracht werden.

Im eben geschilderten Beispiel war der Metzger übrigens gar nicht so sehr beleidigt, man konnte den Grund der Reklamation durch ein ausgiebiges Gespräch aus der Welt räumen, man muß eben darüber reden!

Reden ist in Italien, im Land der Kommunikation, so wichtig wie das Atmen. Es steht statistisch gleich nach dem Essen auf Platz zwei. Die Liebe kommt – erstaunlicherweise – erst auf Platz vier! Deshalb redet man in Italien am meisten übers Essen.

STATT PAPPARDELLE ALLA LEPRE – DER ENTKOMMENE HASE

Zum Glück für alle Hasen ist dieses Rezept – obwohl sehr delikat – so aufwendig und kompliziert, daß ich zugunsten einfacherer *sughi* davon abrate, es sei denn, man hat das arme tote Tier aus anderen Gründen, zwecks Zubereitung eines Bratens oder ähnlichem, sowieso schon im Hause. In diesem Buch werden sie die Bandnudeln mit Hasen-Sugo vergebens suchen, eines meiner Kochbücher bestreitet mit der Zubereitung dieser Pasta allein zwei ganze Seiten.
Im Zweifel plädiere ich fürs Einfache, und da nicht nur Gelegenheit Diebe macht, sondern auch Faulheit Tierfreunde, lassen wir die niedlichen Löffeltiere laufen, Meister Lampe wird es uns danken.
Statt dessen vergreifen wir uns mal wieder an den armen Schweinen, wenn es schon Fleischsoße sein soll, und machen die *pappardelle al ragù*. Mit folgendem Ragout laufen Sie Gefahr, durchreisende Gäste auf ewig an Ihr Haus zu binden:

TAGLIATELLE O PAPPARDELLE AL RAGÙ

BANDNUDELN MIT FLEISCHRAGOUT

(Zubereitung 30 Min.)

300 g Pappardelle oder Tagliatelle
1 kleine Zwiebel
1 Karotte
1–2 Selleriestangen
100 g Butter
2 Lorbeerblätter
1 kleiner Zweig Rosmarin
oder 4 Gewürznelken
150 g Pelati
1 Glas Rotwein
325 g mageres Schweinehack (vom Filet), 2mal durch die Maschine gelassen oder mit Rindfleisch halb und halb gemischt
1 Tasse Fleischbrühe
Salz, Pfeffer, Muskat
eventuell etwas Sahne

Alles Gemüse sehr fein gehackt in die geschmolzene Butter geben. Lorbeerblätter, Rosmarin oder Nelken (je nach Geschmack) mitkochen und die zerkleinerten Tomaten zugeben. Nach etwa einer Viertelstunde Rotwein und das Hackfleisch nach und nach zugeben. Alles etwa 2 Stunden lang sanft garen lassen. Immer wenn die Soße zu fest zu werden droht, mit Brühe angießen und fleißig rühren.
Nach Ablauf der 2 Stunden Lorbeerblätter, Rosmarinzweig oder Nelken entfernen. (Wenn die Nelken nicht mehr zu finden sind und Kinder am Tisch mitessen, lobt man einfach für jeden glücklichen Finder einen Preis aus!)
Dann mit Salz, frisch gemahlenem Pfeffer und etwas frisch geriebener Muskatnuß abschmecken und über die wie immer richtig gekochten Pappardelle verteilen. Mancher mag auch hier gern Parmesan darüber, also soll er ihn haben! Dazu paßt ganz vorzüglich ein *Rosso di Montalcino*.

Pappardelle alla Lepre

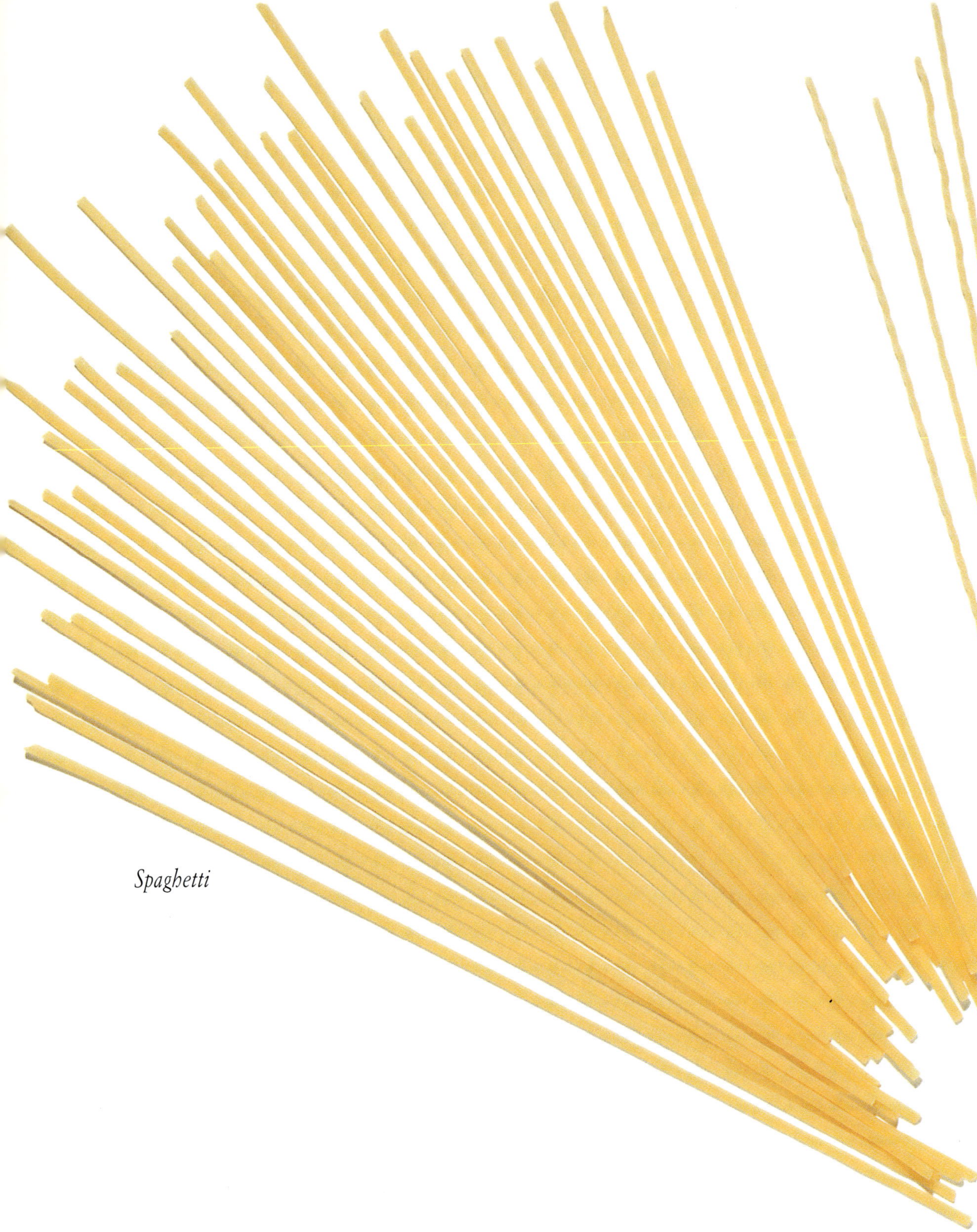

Spaghetti

Sverz

Lasagne

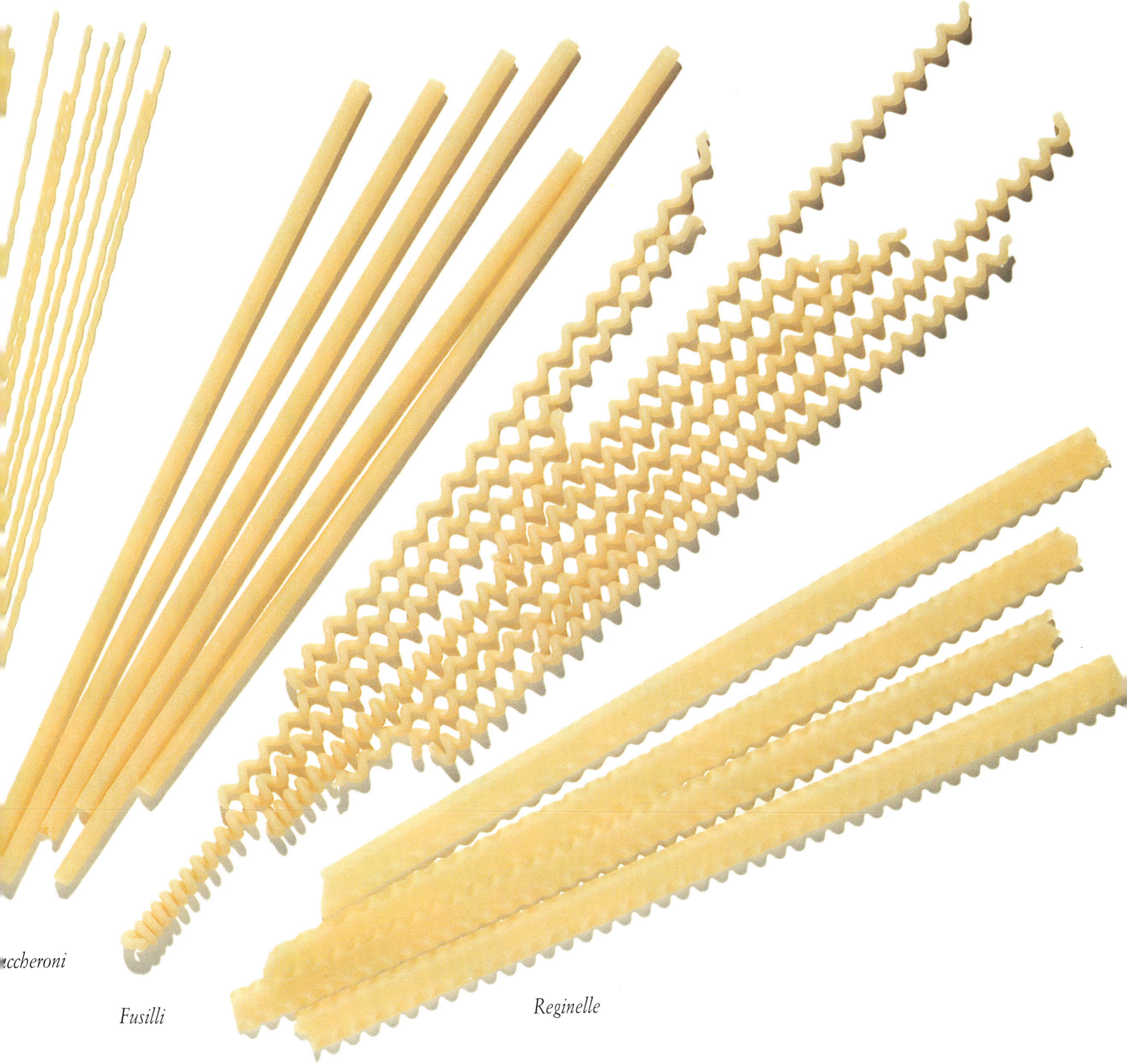

ccheroni

Fusilli

Reginelle

Tagliatelle

PASTA ASCIUTTA

KLEINES LEXIKON DER GETROCKNETEN TEIGWAREN

Es gibt deren über 300! Um Sie nicht in unendliche Verwirrung zu stürzen, habe ich eine Auswahl der meist gebrauchten und auch in Deutschland erhältlichen Teigwaren zusammengestellt. Industriell hergestellte Pasta hat normalerweise alle hohen Qualitätsmerkmale. Sie soll aus Hartweizengrieß hergestellt sein, damit sie den Kochvorgang unbeschadet übersteht, ist hart und elastisch, homogen im Aufbau und leicht bernsteinfarben.

SPAGHETTI: Die bekannteste Pasta, Hartweizenprodukt, in bis zu 12 verschiedenen Stärken im Handel mit unterschiedlichen Namen: Nr. 1 = *spaghettini*, Nr. 2 = *capelli d'angelo u. a.*, als zusätzlicher Hinweis ist aber immer die Stärke verzeichnet, wir benutzen je nach Sugo und Beliebtheit die Nr. 3–5 oder 6.

MACCHERONI: Lange Röhrennudeln, Hartweizen, auch hier verschiedene Stärken. *ziti, regine* oder auch *bucatini* (*buco* = Loch) genannt.

TAGLIATELLE (*tagliare* = schneiden): Bandnudeln, im Handel aus Hartweizen erhältlich, hausgemacht auch zuweilen mit Mehl Type 405, mit und ohne Eier (*all'uovo* = mit Eiern). Die Anzahl der verwendeten Eier ist in den verschiedenen Regionen höchst unterschiedlich; die Variationen liegen zwischen 5 Eiern (mit etwas Wasser) bis zu 10 Eiern, sogar bis zu 40 Eigelb pro Kilogramm Mehl! Letzteres ist natürlich die absolute Ausnahme und äußerst schwierig herzustellen. *Tagliatelle* sind je nach Beimischung von Spinat, Petersilie, Tomaten und Karottenpüree auch in grüner und roter Farbe im Handel. Bandnudeln verschiedener Breiten haben unterschiedliche Namen: *tagliolini* sind ca. 0,3 cm breit, bis ca. 1 cm nennt man sie *tagliatelle*, darüber *pappardelle.*

LASAGNE: Rechteckige Teigplatten, ca. 8,5 mal 15 cm. Bezeichnet als «*lasagne per timballo*» (*il timballo* = die Ofenpfanne). Als «*pasta asciutta*» fertig zu kaufen oder als Pasta *fresca* selbstgefertigt. Auch in grüner Version, also mit Spinat gefärbt, erhältlich.

FUSILLI: Hier finden Sie zwei Typen, den einen mit rundem Profil in ringellockenartiger Form gedreht als lange Sorte, die anderen als kurze Bandnudel, schraubenartig in sich gedreht. Bestens geeignet für *sughi*, die gut haften sollten, also für jene mit kleinen Gemüse- oder Schinkenstückchen.

FARFALLE: Zu deutsch Schmetterlinge, glatte Teigware aus Hartweizen, sehr dekorativ verspielt: kleine Pasta-Rechtecke, die in der Mitte zusammengerafft sind und somit lange ihren bißfesten Kern bewahren.

CONCHIGLIE (MUSCHELN): Kurzes Hartweizenprodukt, leicht zu gabeln, gerillt = *rigato* oder glatt = *liscio* im Handel.

LUMACHE (SCHNECKEN): Ähnlich wie die *conchiglie*, nur *liscio* = glatt erhältlich.

DITALI (FINGERCHEN): Hartweizen, kleine kurze Röhrchen, gerillt oder glatt, in verschiedenen Größen.

PENNE (FEDERN): Eine der gängigsten Pasta-Formen. Schräg angeschnittene Röhrchen, in verschiedenen Durchmessern und Längen, glatt oder gerillt.

PIPE (PFEIFEN): Pfeifenartig gebogene Röhrennudeln aus Hartweizen, glatt oder gerillt im Handel.

RIGATONI: Die größte Kurznudelform, Hartweizen, wie der Name bezeichnet, nur gerillt (*rigato*) zu kaufen. *Rigatoni* nehmen enorme Quantitäten *sugo* auf.

ORECCHIETTE (ÖHRCHEN): Halbkugelförmige kleine Pasta-Form aus Hartweizen.

Ditalini

Ditali

Rigatoni

Orecchiette

Sedani

Penne Rigate

Conchiglie

Lumache

Fusilli

Cresta del onde

Farfallone

Farfalle

PASTA FRESCA

FRISCHE TEIGWAREN

Vor Jahren passierte es uns in Siena, daß wir, aus gleißender Sonne in ein winziges dämmrig-kühles Ristorante eintretend, hungrig und müde einem Ecktisch zustrebten, der wundersamerweise noch frei war. Da eilte die Köchin geschwind herbei, stoppte uns wort- und gestenreich, gerade noch rechtzeitig: «Uh, signori, mi dispiace tanto, ma questa tavola è riservata, per la pasta»! Der Tisch ist für die Pasta reserviert? Ja, tatsächlich, da hing sie frisch und glatt wie ein Tischtuch, allseits über den Rand der tavola. *Pasta fresca*. Ein solches Restaurant hat keine Werbung nötig. Hier sollten Sie bleiben. Sie essen wie bei Muttern, und eine Speisekarte gibt es auch nicht. Aber wenn Sie mich nach dem Namen fragen, dann habe ich ihn grad vergessen. Bis jetzt haben wir immer von *pasta asciutta* gesprochen, getrockneter Pasta. Vielleicht haben wir nun inzwischen mal Lust auf hausge-

Frische Lasagne

machte Pasta bekommen? Kein Problem. Lassen Sie uns erst einmal übers Mehl reden, da gibt es nämlich gravierende Unterschiede. Sie lesen immer öfter auf der Packung: «... aus Hartweizengrieß hergestellt». Hartweizen (*grano duro*) wird vorwiegend in Italien, dem weltgrößten Pasta-Erzeugerland, angebaut. Im Mittelalter mußte er noch von der Krim importiert werden. Diese besonders stickstoffhaltige Getreidesorte gewährleistet neben einer besseren Lagerfähigkeit eine festere Konsistenz des Teiges. Der Vorteil liegt auf der Hand. Der Teig behält seine Form, und das wiederum gestattet eine schier unendliche Gestaltungsvielfalt. Die Hartweizenpasta verklebt trotz höherer Wasseraufnahme nicht so leicht wie die uns vertrauten Weichweizenprodukte der Type 405. Der Anteil des sogenannten Klebers in der Weizensorte ist aber gleichzeitig mitverantwortlich für die Qualität des Endprodukts. Durch Vermahlen des Korns zu feinem

Capelli degli angeli,
dünnste Spaghettisorte,
geeignet für Fleisch- und Gemüsebrühen

Grieß wird er aufgeschlossen, und das Klebereiweiß kann nun Feuchtigkeit aus Wasser und Ei aufnehmen. Wieviel, das hängt von zahlreichen Faktoren ab: Mehlsorte, Luftfeuchtigkeit, Temperatur, Knetdauer und von Ihren Muskeln! Schauen Sie sich mal die «Muckis» einer Signora vom Lande an, da bekommen Sie Respekt und verstehen, wer das Nudelholz in der Hand hat, hat auch die Macht im Hause!
Der kraftvoll geknetete Teig hat jene zähe geschmeidige Konsistenz, ohne die 80 cm lange, absolut gleichmäßig dicke Spaghettistränge undenkbar wären. Natürlich sind in der Industrie noch gewaltigere Kräfte am Werk, riesige Hydraulikpressen und komplizierte Präzisionsmatrizen. Doch echte Pasta-Yuppis haben längst in ihrer heimischen sonderangefertigten Restaurant-Küche auch einen Spezial-Maschinenpark stehen. Aber der kann eines nicht ersetzen, was der Kraft bipolar entgegensteht: Fingerspitzengefühl!

TAGLIATELLE FRESCHE – FRISCHE BANDNUDELN

Für diesen Teig nehmen wir – bereit zu vollem Körpereinsatz – meistens Hartweizenmehl, was eine längere und kräftigere Bearbeitung erfordert.

(Zubereitung 20 Min. plus Ruhezeit)

1/2 TL Salz
1 Ei
200 g Hartweizenmehl – grano duro
1 Eigelb
1 EL Olivenöl

Die Mengenangaben können nur eine ungefähre Richtschnur sein (siehe oben), da die Aufnahmefähigkeit des Mehls nicht so exakt zu definieren ist.

Zuerst machen wir aus dem Mehl einen Berg auf unserer Arbeitsplatte (aus Holz oder Marmor). In die Mitte drücken wir eine Kuhle für Ei, Eigelb und Salz und beginnen dann – freudvoll wie einst im Sandkasten –, das Ganze zu mischen, indem immer mehr Mehl einbezogen wird. Mit der Zeit entsteht ein angenehm freundlich gelber Teig, der durch kräftiges Pressen mit dem Handballen so lange geknetet und gefaltet und wieder geknetet wird, bis glänzende Glätte und damit die richtige Elastizität erreicht ist. Zwischendurch wird die Arbeitsplatte immer wieder mit Mehl bestäubt und, wenn nötig, können einige Tropfen Wasser auf das Mehl

gegeben werden. Beim Kneten kann kaum des Guten zuviel getan werden. Je wärmer übrigens der Ort Ihrer Produktion von *pasta fresca* ist, desto mehr Mehl ist nötig. Daher ist eine kühle Marmorplatte ideal, und denken Sie möglichst nicht an ihren Geliebten, wegen der warmen Hände!
Auf leicht bemehlter Fläche rollen wir dann den Pasta-Teig dünn aus (ca. 1,5 mm), trocknen die Oberfläche des Teigfladens mit Mehl ab, rollen ihn ohne Druck zu einer großen Roulade zusammen und schneiden je nach Wunsch 5 mm breite *tagliatelle* oder die breiteren *pappardelle* (ca. 1 cm) ab. Wenn wir den geschnittenen Teig (wir arbeiten immer mit einem sehr scharfen Messer) auf die Seite kippen, muß er im Querschnitt einer nestartigen Verflechtung gleichen, die, durch elegant-legere Schüttelbewegungen aufgelockert, zu den bekannten Pasta-Nestern wird.
Solange diese Nudeln noch auf ihre Verwendung warten müssen, legen wir sie an einen kühlen Platz auf ein Küchentuch oder in einen mit einem Tuch ausgelegten Korb.
Nochmaliges Überstäuben mit Mehlgrieß und anschließend ein leichtes Durchschütteln verhindern mit Sicherheit das unangenehme Verkleben der Pasta-Nester.
Wollen Sie es bunt treiben, können Sie in den Teig zur Rotfärbung Tomatenmark geben und ein Eigelb weglassen. Passierter gekochter Spinat sorgt für Maiengrün, feingehackte Petersilie für eine dezenteren Gemütern angenehmere Farbgebung.
Der Geschmack nach Tomaten, nach Spinat oder nach Petersilie ist zwar nicht sehr dominant. Er ist mehr ein optisches Ereignis, trotzdem sollten Sie bei der Wahl des passenden Sugo darauf eingehen. Vielleicht belassen Sie es auch gern bei schlichter Butter und etwas Sahne oder *aglio e olio*. Die Garzeit der hausgemachten *pasta fresca* hängt von der vorangegangenen Trockenzeit ab. Daher, reinbeißen – testen.

PASTA VERDE

GRÜNE PASTA

*(Zubereitung 30 Min.
plus 45 Min. Ruhezeit)*

500 g Weizenmehl, Type 405
100 g gekochter feingehackter Spinat
4 Eier
2 TL Salz
1 EL Olivenöl

Den 10 Minuten in Salzwasser abgekochten Blattspinat sehr fest in einem Sieb ausdrücken (ich verwende eine Untertasse dazu) und mehrfach durch den Wolf drehen oder auf einer großen Arbeitsunterlage fein wiegen. Der so präparierte Spinat wird gekühlt, mit den restlichen Zutaten vermischt und wiederum (siehe oben) in die Mehlkuhle gegeben. Zuerst mit der Gabel und dann mit den Händen zu einem homogenen Teig verarbeiten. Das wird ca. 15 Minuten in Anspruch nehmen. Danach sollte der Teig wieder eine Dreiviertelstunde im Kühlen ruhen, bevor er, fein ausgerollt, zur gewünschten Pasta-Sorte verarbeitet wird.

PASTA BIANCA

WEISSER TEIG

*(Zubereitung 30 Min.
plus 45 Min. Ruhezeit)*

500 g Weizenmehl, Type 405
4 Eigelb
2 ganze Eier
1TL Salz
1 EL Olivenöl

Auf einer stabilen Arbeitsplatte häufen wir das Mehl an, mit einer kraterartigen Vertiefung in dessen Mitte. Alle weiteren Zutaten werden da hineingegeben und mit einer Gabel allmählich unter das Mehl gezogen. Langsam gilt es, mit sich steigerndem Einsatz, die ganze Mehlmenge unterzukneten. Ihre tägliche Gymnastik haben Sie so nun ganz beiläufig auch zum Wohle Ihrer Lieben nutzbringend absolviert! Das Kneten können Sie kaum übertreiben. Der kompakte, glatte Teig soll anschließend noch eine Dreiviertelstunde an kühler Stelle (ca. 10 °C) ruhen, ehe er, fein ausgerollt, zu *tagliatelle, lasagne* oder Teigtaschen verarbeitet wird.

PASTA ROSSA

ROTE PASTA

*(Zubereitung 30 Min.
plus 45 Min. Ruhezeit)*

500 g Weizenmehl, Type 405
150 g Karotten (püriert)
3 Eier
1 EL Olivenöl
1 TL Salz
50 g Tomatenmark

Das kräftige Rot erzeugen wir mit gekochten und pürierten Karotten und Tomatenmark, dann mit Eiern und Olivenöl mischen, salzen und wie nebenstehend mit dem Mehl zu einem glatten Teig verarbeiten. Wieder ruhen lassen, fein auswalzen und dann zu *lasagne* oder *tagliatelle* schneiden.

TAGLIATELLE ALLA SALVIA

TAGLIATELLE MIT SALBEI

(Zubereitung 15 Min.)

400 g Tagliatelle (siehe Tagliatelle fresche)
100 g Butter
8-10 Blatt Salbei
100 g geriebener Parmesan
Salz

Während das Pasta-Wasser kocht, schmelzen wir in einer Pfanne die Butter und geben den Salbei dazu. Es dauert einige Minuten, bis die Blättchen leicht andunkeln, inzwischen gießen wir diesmal knapp vor der Garzeit die Tagliatelle ab, sie sollen noch etwas in der Pfanne ziehen. Wir mischen sie also darin zusammen mit der Hälfte des geriebenen Parmesan, ziehen sie vom Feuer und decken sie ab. Nach 1-2 Minuten mit den restlichen 50 g Parmesan bestreuen und auf den Tisch bringen. Ein Pasta-Gericht, das durch Schlichtheit besticht.

TAGLIATELLE AI PEPERONI

BANDNUDELN MIT PAPRIKA

(Zubereitung 15 Min.)

400 g Tagliatelle (siehe Tagliatelle fresche)
30 g frischer gelber Paprika
30 g frischer grüner Paprika
30 g frischer roter Paprika
5 EL Olivenöl
etwas Salz
Parmesan

Wie wir wissen, gibt es knackig gelbe, grüne und rote frische Paprika. Diese fröhliche Mischung verwenden wir hier für diese herzhafte Pasta-Soße. Blitzeinfach: Die Paprika säubern, Samen entfernen und in dünne Streifen schneiden. Im Olivenöl etwa 15–20 Minuten garen. Mit Salz abschmecken. Die Tagliatelle im großen Topf mit sprudelndem Salzwasser *al dente* kochen und abgießen. Mit dem Sugo mischen, noch einen kleinen Moment ziehen lassen. Mit geriebenem Parmesan servieren.

LAND UND LIEBE

Mit der Pasta-Kreation «Heu und Stroh» kann ein Landerlebnis, das an eine liebenswürdige Heimatschnulze erinnert, auf den Teller gebracht werden. Die Szene sollte man sich folgendermaßen vorstellen: Ein heißer Sommer, der brütend über dem Tal liegt, ein Duft nach Heu und Getreide – und während der ersehnten Siesta nähert sich der Knecht der Bäuerin, der Bauer der Magd, der *ragazzo italiano* der blonden *tedesca.* Die kulinarische Umsetzung erfolgt durch gelbe und grüne Pasta, schmelzende Butter, sanfte Sahne und die wehmütige Erinnerung an eine zartverschwiegene *storia d'amore* in Heu und Stroh.

PAGLIA E FIENO ALLA PANNA

STROH UND HEU MIT SAHNE
(Zubereitung 10 Min.)

200 g gelbe Tagliatelle, sehr schmal geschnitten
200 g grüne Tagliatelle, ebenfalls schmale Sorte
2 EL Butter
100 g frische Sahne
Salz
2 EL geriebener Parmesan

Beide Sorten Pasta *al dente* kochen (Vorsicht: kurze Garzeit). Butter schmelzen, Sahne und Salz zugeben und 2 Minuten auf kleinster Flamme ziehen lassen, dann unter die gekochte, abgegossene Pasta ziehen und vom Feuer nehmen, nochmals 1-2 Minuten zugedeckt ziehen lassen. Parmesan darüberreiben und in artig vorgewärmter Schüssel servieren, eventuell am Tisch nochmals Käse zugeben.

PASTA PAGLIA E FIENO CON PISELLI

STROH UND HEU MIT ERBSEN
(Zubereitung 20 Min.)

200 g weiße Bandnudeln
200 g grüne Bandnudeln
400 g San-Marzano-Tomaten
1 mittelgroße Zwiebel
2 EL Olivenöl
200 g feinste Erbschen
200 g roher Schinken
Salz
frisch gemahlener Pfeffer
80 g geriebener Parmesan

Zunächst die Tomaten mit kochendem Wasser übergießen, schälen, entkernen, würfeln. Die Zwiebel würfeln und in 2 Eßlöffeln Olivenöl andünsten, bis sie glasig ist, dann die Tomatenstücke hineingeben und zusammen ca. 10 Minuten auf niedriger Flamme köcheln. Die separat in etwas Salzwasser gekochten und abgegossenen Erbschen hinzufügen. Den klein gewürfelten Schinken dazugeben und mit Salz und frisch gemahlenem Pfeffer abschmecken. Die grüne und weiße Pasta abgießen, unterziehen. Je nach Gusto mit Parmesan bestreuen.

MILDES UND FEINES FÜR SANFTE GENIESSER

Hier beschäftigen wir uns mit zart nuancierten, dezenten *sughi*, um den Butterliebhabern eine Freude zu machen. Diese Spezies läßt ohne Hast die Pasta im Munde zergehen, gehört also zu den freundlich-sanften Mitmenschen, die sich halboffenen Auges, aber wachen Geschmacksinns keinem Genuß verschließen. Für sie ist alles richtig, was mit Sahne, Creme und Béchamel zu tun hat, alles Sachen, die ich persönlich gern verwende, weil sie sich mit meinem Mutterinstinkt vereinbaren lassen und ich es so richtig gut mit den Gästen meinen kann. Trotzdem ist Vorsicht geboten, weil diese Soßenträume – oder Traumsoßen – ziemlich satt machen und weil das Verhältnis von Pasta zu Soße richtig gewählt werden will.

TAGLIATELLE AI FUNGHI SECCHI

BANDNUDELN
MIT GETROCKNETEN PILZEN
*(Zubereitung 20 Min.
plus 1 Std. Einweichzeit)*

300 g Tagliatelle,
am besten frische Teigwaren
60 g getrocknete Pilze
3 EL Butter oder 1 EL Butter
und 2 EL Olivenöl
1 Knoblauchzehe
1 kleine Zwiebel
1 Glas Weißwein
100 g Panna da cucina
1/2 TL Thymian
1 Bund glatte Petersilie
Salz, frisch gemahlener Pfeffer

Pilze in lauwarmem Wasser gut 1 Stunde einweichen. Das Wasser aufbewahren und durch ein Tuch oder einen Kaffeefilter geben, um es zu entsanden. Pilze ausdrücken, wenn nötig putzen, kleinschneiden.
Butter schmelzen, Knoblauch gequetscht oder geschnitten darin goldgelb werden lassen, bei hohem Butteranteil braucht er nicht entfernt zu werden. Die Zwiebel kleingewürfelt zugeben, wenn sie glasig sind, die geschnittenen Pilze einen kurzen Moment mitbraten, dann mit dem Wein ablöschen und etwas später mit dem Pilzwasser auffüllen. Dies alles ganz leicht eine Stunde vor sich hinköcheln lassen, bis alles auf wenig Flüssigkeit reduziert ist. Nun kommen die Küchensahne, die gehackten Kräuter, Salz und Pfeffer dazu. Inzwischen haben wir die *tagliatelle al dente* gekocht, abgegossen und können den *sugo* nun vorsichtig unterheben. Immer in einer vorgewärmten Schüssel und auf vorgewärmten Tellern servieren. Eigentlich kommt kein Parmesan dazu, nur für die, die sonst zu sehr leiden würden, sei ein Löffelchen erlaubt.

PAPPARDELLE AI PORCINI FRESCHI

PAPPARDELLE MIT FRISCHEN STEINPILZEN
(Zubereitung 20 Min.)

Eine noch delikatere Version der Pilzsoße ist der *sugo* natürlich mit frischen Steinpilzen, die es leider viel zu selten gibt.

300 g Pappardelle
3 EL Butter
1 Spritzer Zitronensaft
2 EL süße Sahne
Salz, frisch gemahlener Pfeffer
1/2 Bund gehackte Petersilie

Die Pilze sorgfältig putzen. Anspruchsvolle werfen die Stiele einfach weg, andernfalls wird an diesen die Haut abgezogen und alles in Streifen geschnitten.
Wir braten sie nun in der Butter an, bis ein leichter Druck mit der Gabel verrät, daß sie *bell' e pronti*, gerade richtig sind.
Nun kommt der kleine Spritzer Zitrone darüber, kurz bevor Sahne, Salz und Pfeffer zugegeben werden. Sind die Pappardelle inzwischen *al dente,* kann der Sugo untergezogen werden. Dann zudecken und durchziehen lassen. Diesen Augenblick beschaulicher Ruhe gönne ich mir und der Pasta, damit sich vollendete Harmonie einstellt.

SM Nestler

Il Cuoco

PASTA RIPIENA

GEFÜLLTE PASTA

Der Einzug der gefüllten Pasta, zunächst in die venezianische Küche, fundiert auf einer Liebesgeschichte, die sehr märchenhaft anmutet und allen feinfühligen Seelen sofort einleuchtet, da *amore, bellezza* und *pasta* die Hauptzutaten zu dieser *storia vera* sind: Der Sohn eines Dogen verliebte sich unsterblich in eine bezaubernde, orientalische Prinzessin und führte sie – nach langer Brautwerbung – als Frau heim ins schöne Venezia. Neben Perlen, Gold und Edelsteinen brachte die Schöne wohl auch noch einen hübschen jungen Koch mit in die Mitgift ein. Das war natürlich Wasser auf die Mühlen venezianischer Klatschmäuler.

Aber unsere Prinzessin konnte ihren Dogen davon überzeugen, daß nur ihr Koch eine Speise zuzubereiten wüßte, die ihr schlimmes Heimweh lindern könnte. So wurden, sagt man in Venezia, die gefüllten Teigtaschen in Form von Röllchen, Drei- und Vierecken in die venezianische Hofküche des Mittelalters eingeführt, und da sie nie gestorben sind ...

Für mich sind sie Symbol einer Vermählung besonderer Art: Das männliche Prinzip im schützenden Gewand des Nudelteiges umhüllt die weibliche Fülle – oder umgekehrt!

RAVIOLI AGLI SPINACI

RAVIOLI MIT SPINATFÜLLUNG

(Zubereitung 1½ Std.)

Für den Pastateig:
250 g Mehl, Type 405
2 Eigelb
1 Ei
1 EL Olivenöl
Salz
Für die Füllung:
250 g Spinat
½ Knoblauchzehe
1 EL Butter
200 g geriebener Parmesan
200 g Ricotta
1 Eigelb
Salz, weißer Pfeffer
Muskat

Aus den Teigzutaten einen geschmeidigen Teig kneten und fein ausrollen. Quadrate der Größe 6 mal 6 cm ausschneiden.

Den Spinat verlesen, waschen, kurz blanchieren, auspressen und zusammen mit der zerkleinerten (gehackten oder durchgepreßten) Knoblauchzehe in der Butter dämpfen. Nach dem Abkühlen den Spinat fein hacken. Parmesan mit den restlichen Zutaten sorgfältig vermischen. Herzhaft abschmecken und mit dem Spinat vermengen. Von dieser grünen Mischung setzen Sie je einen großzügigen Teelöffel in die Mitte der halben Anzahl Ihrer Teigquadrate von etwa 6 cm Kantenlänge. Die zweite Hälfte dient als Deckel. Ist der Teig ganz frisch, genügt es, die Ränder mit den Fingern zusammenzudrücken, andernfalls kann man etwas Eiweiß

als natürlichen Klebstoff verwenden. Die zweite Möglichkeit, die ich bevorzuge: Sie belegen nur eine Hälfte des ausgerollten Teiges in gleichmäßigem Abstand mit der portionierten Füllung und schlagen die andere Teighälfte geschickt und mit Schwung darüber, etwa so, wie ein Bengel sich die Bettdecke über die Ohren zieht.
(Nun haben Sie vor sich eine Hügellandschaft, die der faszinierenden *Crete* gleicht, die sich baumlos südwestlich Sienas erstreckt.)
Teilen Sie unter leichtem Fingerdruck die Teigtaschen ab, um sie mit dem Teigrädchen endgültig zu trennen.

Je nach Frische lassen wir die Täschchen in Salzwasser 5-10 Minuten garen. (Haben Sie eine größere Menge, sollten Sie 2 Portionen machen.) Sowie die Ravioli oben schwimmen, dürfen sie raus, am besten mit Hilfe einer Schöpfkelle.

Delikat in Butter gewendet, in geflissentlich gewärmten tiefen Tellern angeordnet und mit frischem Parmesan-Regen versehen, werden sie sofort serviert.

Eine Variante dieser Ravioli besteht darin, daß man sie in einer Butter-Salbei-Soße serviert. Diese wird hergestellt aus 100 g Butter, in die 10-12 Streifen geschnittene Salbeiblätter, Salz, weißer Pfeffer und Muskat sowie Parmesan als Würzzutat kommen. Weich und lieblich wird die eben beschriebene Soße, wenn wir sie noch mit 100 g *panna da cucina* anreichern. Nur ein Hauch Bitternis des Salbeis würzt diese vollkommene Harmonie.

Es ist keine Frage, daß man eine solche Pasta am besten dann zubereitet und serviert, wenn die Seele mit Gott, der Welt und mit sich selbst im reinen ist. Sie ist für nette Gäste gedacht, für verständnisvolle Genießer, die langsam kauen. Bestimmt haben Sie viele gute Freunde, die zu dieser Kategorie zählen.

Ravioli können ebensogut wie Cannelloni mit Ragout gefüllt werden, am besten serviert man sie dann *al pomodoro* oder mit der folgenden

BESCIAMELLASOSSE :

(Zubereitung 10 Min.)

50 g Butter
1 EL Mehl
1 Glas Weißwein
150 g Sahne oder Milch
Salz, frisch geriebener Muskat
weißer Pfeffer
Parmesan

Butter schmelzen, das gesiebte Mehl dazugeben, kurz aufwellen lassen, vom Feuer nehmen, fix mit dem Wein vermischen, Milch oder Sahne dazu und nimmermüde rühren. Nochmals kurz aufwellen lassen und abschließend mit Salz, Pfeffer, etwas Muskat und geriebenem Parmesan abschmecken, fertig.

TORTELLINI ODER CAPPELLETTI (HÜTCHEN): Diagonal gefaltetes und dann im Kreis zusammengestecktes gefülltes Pasta-Produkt. Füllung: Spinat und Ricotta oder Fleisch. Die größere Version heißt tortelloni.

MAREMMANE DI MAGRO

TEIGTASCHEN AUF MAGERE ART

(Zubereitung 1 Std. plus 1 Std. Ruhezeit)

Teig:
400 g Hartweizengrieß
1 TL Salz
4 Eier
2 Eierbecher Wasser
2 Eierbecher Olivenöl

Füllung:
500 g frischer Spinat
(davon bleiben gekocht und ausgepreßt 200 g übrig)
250 g Ricotta
50 g geriebener Parmesan
1 Ei
1 Messerspitze Muskat
Pfeffer und Salz

Sugo:
100 g Butter
80 g geriebener Parmesan
8-10 frische Salbeiblättchen

RAVIOLI: Viereckig zusammengelegt mit Fleisch-, Schinken-, Kräuter- oder Ricotta-Füllung. Eine quadratische Version mit 6–7 cm, gefüllt mit Spinat und Ricotta, heißt maremmane.

Da wir dieses Mal mit Hartweizenmehl arbeiten, werden die Teigtaschen etwas fester in ihrer Konsistenz sein. Der Teig knetet sich schwerer, ist aufnahmefähiger, weshalb wir zur Verbesserung noch etwas vom *olio extravergine di oliva* hinzufügen können.
Über den Knetvorgang haben wir ausführlich gesprochen, nehmen Sie es als Training! Jetzt kommt eine große Ungerechtigkeit, der Teig darf wieder eine Dreiviertelstunde im Kühlen ausruhen, während Sie weiterschwitzen!

Sie machen sich inzwischen an die Spinat-Fülle: waschen den Spinat, blanchieren ihn in Salzwasser, pressen ihn gut aus und wiegen ihn fein.
Dann werden die Ricotta, das Ei und der geriebene Parmesan, mit Salz, Pfeffer und etwas Muskat abgeschmeckt, zusammen unter den Spinat gemischt. Die geschmeidige grüne Fülle wird für etwa 16–20 *maremmane* reichen.

Ist der Teig fein ausgerollt, möglichst zu einem langen Rechteck, dann markieren Sie leicht die eine Hälfte der Fläche schachbrettartig (ca. 6–7 cm), ohne den Teig zu schneiden, und verteilen die Fülle schön mittig auf die Felder. Mit gemessenem Schwung wird die andere Teighälfte über die grünen Hügel geklappt, und die Zwischenräume werden leicht angedrückt. Das zackige Teigrädchen besorgt die Trennung der Quader, deren Ränder eventuell noch ein wenig nachgedrückt werden müssen. Auf einem mit etwas Hartweizenmehl bestreuten Tuch oder Brett entspannen sich die *maremmane* für noch einmal 1 Stündchen.

Danach werden sie zügig, aber mit Vorsicht ins kochende gesalzene Pasta-Wasser gegeben, wo sie sich für ca. 5 Minuten tummeln dürfen.
Derweil schmelzen wir die Butter im Tiegel, salzen und aromatisieren mit den Salbeiblättchen. Sobald die *maremmane* beginnen, oben zu schwimmen, heben wir sie mit der Schaumkelle heraus, geben sie auf die vorgewärmten Teller und übergießen mit der geschmolzenen (nicht gebräunten!) Salbei-Butter. Jeder reibt sich etwas Parmesan darüber, und Sie dürfen sich endlich auch einmal zu ihren Gästen setzen.
Das bescheidene Hausmütterchen wird zwar so tun, als wäre ihm für seine Lieben keine Mühe zu groß, handelt es sich doch nur um eine «kleine Vorspeise»! Sie aber, den Muskelkater schon spürend, haben das gute Recht, nun mit zusammengekniffenen Augen noch mal heimlich die Gästerunde darauf zu überprüfen, ob sie es eigentlich zu schätzen weiß, was sich da so bescheiden anschaut.

LASAGNE
(Zubereitung $1^1/_2$ – 2 Std.)

Lasagne – eine Art Nudelauflauf, ist nicht nur bei Kindern sehr beliebt. Grundlage ist die gekaufte oder selbstgemachte gleichnamige Nudelsorte, große Teigblätter, die in gut sortierten Teigwarenabteilungen nicht fehlen sollten. Lasagnepfannen gibt es bei den Haushaltswaren in mehreren Größen aus dünnem Alu oder Edelstahl. Zwar wird Ihre Küche hinterher aussehen wie ein Schlachtfeld, aber den Sieg haben Sie schon vorher in der Tasche!

400 g Lasagne-Pasta (ca. 12 Scheiben)
Ragout:
1 kleine Zwiebel
1 Karotte
1-2 Selleriestengel
4 EL Olivenöl
2 Lorbeerblätter
1 kleiner Zweig Rosmarin
1 Glas Rotwein
150 g Pelati
1 EL geriebener Parmesan
300 g Schweinefilet
(2mal durch den Wolf gedreht)
1 Tasse Fleischbrühe
Salz, Pfeffer, Muskat
(Zubereitung Tagliatelle al ragù Seite 75)

BESCIAMELLA
(Zubereitung 10 Min.)

50 g Butter
1 EL Mehl
250 g Sahne oder Milch
Pfeffer, Salz
(Zubereitung wie Seite 90)

Die Lasagnescheiben kochen wir wie üblich in einem eher «zu großen» Topf, mit viel Wasser. *Al dente* gekocht (ca. 5 Min.), werden sie mit nicht zu viel Schwung ins Topfsieb abgegossen oder mit der Schaumkelle herausgehoben und nebeneinander auf einem Tuch oder Haushaltspapier ausgebreitet.
Die *besciamella* und die Füllung stehen schon bereit. In einer gut mit Olivenöl ausgepinselten viereckigen Lasagnepfanne wird die unterste Lage Pasta eingelegt (meist passen 3 Scheiben nebeneinander). Darauf die Hälfte der Füllung verteilen und wieder abdecken. Nun einen Teil der *besciamella* daraufgeben, abdecken und die zweite Lage Ragout verteilen. Über die letzte Schicht Pasta kommt der Rest *besciamella*, der geriebene Parmesan und dann alles in den Ofen, der bereits auf 180 °C vorgewärmt wurde. In 15 Minuten ist das Lieblingsgericht großer und kleiner Kinder fertiggebacken – ein garantierter Volltreffer!

FAZZOLETTI AL BASILICO
(Zubereitung 45 Min.
plus Ruhezeit für den Pastateig)

Etwas weniger turbulent geht es bei der Herstellung der «Fazzoletti al basilico» zu – zu deutsch «Tüchlein mit Königskrautfüllung».

400 g Fazzoletti (fertig gekauft oder etwa 24 Teile aus frischem Pasta-Teig,

Größe 8 mal 8 cm)
60 g Blattspinat
40 g frisches, fein gehacktes Basilikum
(einige Basilikumblätter
für die Dekoration zurückbehalten)
20 g gemahlene Pinienkerne
30 g geriebener Parmesan
4 EL Olivenöl
40 g Butter
Salz, Pfeffer

Den Pasta-Teig, wie oben beschrieben, vorbereiten und in 8 mal 8 cm große Quadrate teilen, ins gesalzene Kochwasser geben.
Den gewaschenen, blanchierten, durch Auspressen gut entwässerten Spinat zusammen mit dem Basilikum im Mixer pürieren oder auf dem Arbeitsbrett fein wiegen. Pinienkerne und Parmesan mit dem Olivenöl zu einer homogenen Masse verarbeiten. Mit Salz und Pfeffer abschmecken. Die Teigquadrate mit der Schaumkelle *al dente* aus dem Kochwasser heben und vorsichtig in der geschmolzenen Butter wenden.
Auf einer warmen großen Platte die erste Lage *fazzoletti* ausbreiten (da nehmen wir die mit kleinen Fehlern), geben jeweils knapp 1 Eßlöffel grüne Soße darüber, die letzten *fazzoletti* obenauf sind makellos und werden von einer zweiten Schicht Soße überflossen, die spielerisch auf den Teig gekleckst wurde.
Dann kann man selbstverliebt-träumerisch zurücksinken und sich an dem gelungenen Werk freuen.
Nun noch schnell ein paar zierliche Basilikumblätter als Garnitur obenauf geben und dann alles schnellstens auf den Tisch.

Frischer hausgemachter Lasagneteig

Signora Confusilli

FRISCH AUF DEN TISCH

Ein elementarer Wesenszug der toskanischen Küche ist deren genuiner Charakter. Sie hat ihre Wurzeln noch in der Erde, ist unkompliziert, ursprünglich und überschaubar. Dazu gehört die *cucina fresca*, die Selbstverständlichkeit, frische Lebensmittel erst kurz vor dem Essen zu verarbeiten. Nur bei Eintöpfen, Suppen, Aufläufen und manchen Soßen, wenn sie längerer Vorbereitung bedürfen, ist es üblich, daß das Gericht schon im Topf wartet, dann fügt man eben in letzter Minute noch einige frische Kräuter und den obligatorischen Schuß kaltgepreßtes Olivenöl hinzu.

Zwar stellte dieser Anspruch an die frische Küche für mich zunächst ein Zeitproblem dar, war ich doch der Ansicht, von meinen Gästen etwas haben zu wollen. Unter dem Motto ganz oder gar nicht, entschied ich mich dann freiwillig für die hier übliche Methode und sause nun mit Tellern und Platten zwischen Tisch und Herd hin und her, und ich freue mich über den Appetit und das Wohlbefinden meiner Gäste.

Dafür bin ich das nächste Mal zu Tisch bei Elena, Paola oder Lodovica, die dann ihrerseits die beglückende Rolle der kochenden Hausfrau spielen.

Ebenso gewöhnungsbedürftig war für mich von Anfang an die um meine Töpfe versammelte Frauenschar, die fragend und neugierig bemerkte, was ich so oder anders mache. «Fai vedere, ah, ecco un trucco della cucina tedesca!» (Laß sehen, ah, sieh da, ein deutscher Küchentrick!) Da gilt es manchmal, Nerven und gute Laune zu bewahren; und während die feingemachten Damen mich geringfügig verwirren, stehen die Männer bei Antipasto (kleine Vorspeise) und Aperitif in der Landschaft und reden über Politik, Gott und die Welt.

Später höre ich dann charmante Lobgesänge. Doch Vorsicht! Italiener sind Meister im Komplimentemachen, die richtige Bedeutung der schönen Worte mußte ich auch erst lernen! Beim begrüßenden Eintritt wird mit Küßchen rechts, Küßchen links und der Aufmunterung «come sei bella, elegante, carina» verwöhnt. Wenn dies alles ganz und gar nicht auf meine Küchengestalt zutrifft, kann auch ein schlichtes «estiva», was einfach «sommerlich» heißt, aus der Verlegenheit helfen. Mir ist dann klar, daß ich nicht gerade hinreißend mit meiner dampffeuchten Schürze wirke. Aber ich hoffe doch sehr, diesen «Mangel» alsbald durch Qualität zu kompensieren. Es gibt durchaus die Spezies, deren beiläufig hingemurmeltes, unbefriedigtes «non ci siamo», «das ist es nicht», einer bemühten Gastgeberin die Adern schwellen läßt, dann schon lieber ein beinahe wohlmeinendes, leicht gedehntes «*però*» (immerhin). Das schönste Kompliment machte mir Giorgio zur *pasta al ragù:* «come da mia mamma!»

Nach allen wichtigen und belangloseren Themata, dem Bewundern von Tafel, Ambiente, der neuen Lampe, kommt man aber mit Sicherheit wieder zum Thema, nämlich der Hauptsache – dem Essen.

SPAGHETTI DI MARE AL CARTOCCIO

SPAGHETTI MIT MEERESFRÜCHTEN IN FOLIE

(Zubereitung ca. 2 Std.
plus 1 Std. Vorbereitungszeit
für die Muscheln)

200 g Spaghetti mittlerer Größe
200 g Vongole (Venusmuscheln)
4 Gamberi
2 kleine Rotbarben
8 kleine Calamari = Tintenfische
½ Dose Pelati
6 EL Olivenöl
1 getrocknete Pfefferschote
1 Knoblauchzehe
4 Blatt Basilikum in feinen Streifen
1–2 EL gehackte Petersilie
1 EL Cognac
Salz, etwas frisch gemahlener Pfeffer

Für eine Stunde wässern wir die Venusmuscheln in frischem Wasser, waschen derweil die Gamberi, putzen und zerteilen die Calamari in schmale Ringe und filetieren die Rotbarben. In einer Pfanne, je größer desto besser, erhitzen wir das Olivenöl, ergänzen mit der zerbröselten Pfefferschote, quetschen eine Knoblauchzehe hinein, geben die Muscheln dazu, die sich bald öffnen werden, ebenso die Gamberi und die Rotbarbenstücke.
Nach ca. 3minütigem Köcheln unter gefühlvollem Umwenden werden die zerstückelten Pelati zugefügt. Nach Bedarf mit ein wenig Tomatensaft auffüllen. Die Basilikumstreifen, die gehackte Petersilie hinzugeben und das Ganze weitere 5 Minuten sanft garen, nachdem wir mit dem Eßlöffel Cognac dem Sugo noch einen kleinen Kick verpaßt haben. Wir heizen den Ofen auf 250 °C an. Separat in brodelndem Salzwasser haben wir inzwischen die Spaghetti gerade so lange gekocht, daß sie sich gefügig biegen (ca. 4 Minuten bei Stärke 5). Sie werden nun abgegossen und der Sugo zugegeben.
Dann wird ein sehr großes Blatt Aluminiumfolie in der Mitte gefaltet und an den Seiten bootsförmig hochgebogen und diagonal in eine Lasagnepfanne gelegt. Wir füllen die Pasta, mit der Soße, versteht sich, hinein und drücken die obere Seite gut zu.
Im vorgeheizten Ofen (250 °C) lassen wir das Ganze noch etwa 4 Minuten garen, bis sich die Folie prall aufgeplustert hat. Dieses Überraschungspaket wird auf einer Platte geschlossen serviert und am Tisch geöffnet.
So kann sich der unvergleichliche Meeresduft dieses Gerichts voll vor den am Tisch versammelten Nasen entfalten. *Buon appetito!* Als Weinempfehlung ein *Galestro* oder *Vernaccia di San Gimignano.*

SPAGHETTI ALLE VONGOLE

SPAGHETTI MIT VENUSMUSCHELN

(Zubereitung 40 Min.
plus 1½ Std. Vorbereitungszeit
für die Muscheln)

400 g Spaghetti Nr. 3
800 g kleine Venusmuscheln
4 EL Öl
1 Knoblauchzehe
½ getrocknete Pfefferschote
1 Glas Weißwein
1 kleine Dose Tomaten
etwas Thymian
1 Bund glatte gehackte Petersilie
Salz, frisch gemahlener Pfeffer

Die Muscheln etwa 1½ Stunden lang unter leicht fließendem, kaltem Wasser säubern, dann die Muscheln in einen Topf geben, dessen Boden mit Salzwasser bedeckt ist. Bei großer Hitze und geschlossenem Deckel 5 Minuten kochen lassen, die Neugier bezähmen, denn erst nach 3-5 Minuten sollte man den Deckel lüften. Die Muscheln, die ihre Schalen bis jetzt eisern geschlossen halten, werden weggeworfen.
Nun kann man das Muschelfleisch mit einem spitzen Messer oder einer Gabelzinke aus dem Gehäuse holen.
Das Öl wird mit Knoblauch und der getrockneten Pfefferschote aromatisiert, darin dünste ich die Muscheln kurz an, lösche mit Weißwein ab, gebe Tomaten und Thymian dazu und lasse es ¼ Stunde köcheln.
Die Petersilie waschen, abtropfen, hacken und zugeben, mit Salz und Pfeffer abschmecken – fertig.
Für Gäste, die gerne puhlen, kann man an Stelle der *vongole chiocciole* in den *sugo* geben, das sind kleine Meeres-Schnecken, die im Gehäuse bleiben und als Ganzes dem Sugo beigegeben werden.
Servieren Sie dazu jede Menge Zahnstocher, mit denen die Tierchen aus ihrem Schneckenhaus geholt werden, und legen Sie einen Stapel Papierservietten dazu, damit die Tomaten-Öl-

Finger abgewischt werden können. Das Schöne ist, hier darf man nicht, hier muß man mit den Fingern ins Essen fassen.

SPAGHETTI IN SALSA D'ACCIUGHE

SPAGHETTI IN SARDELLENSOSSE

(Zubereitung 30 Min.)

400 g Spaghetti oder Linguine
(flache Spaghetti)
180 g Acciughe sott'olio
(in Öl eingelegte Sardellenfilets)
3 EL Olivenöl
2 kleine Zwiebeln
2 zerdrückte Knoblauchzehen
1 Bund glatte Petersilie
2 TL Origano
6-8 Blatt Basilikum
Salz, Pfeffer aus der Mühle

Spaghetti oder Linguine *al dente* kochen. Währenddessen die eingelegten Sardellen vom Öl trennen. (Das Öl dient nur der Konservierung und ist meist von minderer Qualität.) Falls noch vorhanden, Gräten und Schwänze der Fischlein entfernen. Die sehr fein gehackten Zwiebeln im Öl glasig werden lassen, vom Feuer ziehen, vorsichtig die Sardellen hineingeben, um sie nicht zu stark zu zerstückeln, salzen und pfeffern. Die so entstandene Sardellensoße mit dem zerdrückten Knoblauch und den gehackten Kräutern aufs innigste vereinen, so ergrünt die Pasta in vollster Pracht, wenn der *sugo* daruntergezogen wurde.
Der Ruf «*a tavola!*» setzt in Italien auch Berge in Bewegung. Ein schnelles und einfaches Rezept, allerdings weniger geeignet für Gemüter, die Fisch nur rechteckig und paniert mögen.

RIGATONI CON TONNO E PISELLI

RIGATONI MIT THUNFISCH UND ERBSEN

(Zubereitung 30 Min.)

400 g Rigatoni oder Penne
250 g Tonno al naturale
oder aus der Dose
30 g Butter
1 kleine Zwiebel
1 Glas Weißwein
300 g Zuckererbsen
120 g Panna da cucina
1 EL geriebener Pecorino
1/2 Bund Petersilie
1 TL Thymianblätter
Salz und frisch gemahlener
weißer Pfeffer

Das Thunfisch-Dosenöl abgießen, Butter schmelzen, Zwiebel hacken und in die Butter geben, glasig werden lassen. Den Thunfisch ein wenig zerteilen und ebenfalls zugeben. 10 Minuten garen (bei Dosen-Thunfisch entfällt diese Zeit). Mit Weißwein ablöschen, dann 2-3 Minuten weiterköcheln lassen. Erbsen entweder separat in Salzwasser garen oder aus der Dose direkt zum Thunfisch geben, dann die Sahne zugießen. Vorsicht beim Umrühren, da der Thunfisch nicht weiter zerkleinert werden soll und die Erbsen sehr empfindlich sind. Mit dem geriebenen *pecorino* noch 2 weitere Minuten schwach köcheln lassen, die gehackte Petersilie und Thymian hinzufügen, Salz und Pfeffer aus der Mühle munter hineingeben. Es ist immer höchst befriedigend, wenn die Erbsen in den *penne* oder *rigatoni* verschwinden. Dies ist auch an den Tagen, an denen überhaupt alles schiefgeht, ein versöhnlicher Augenblick, denn das klappt immer. Außerdem kann mein Mann deutschen Kindern sehr glaubwürdig erzählen, daß wir die Erbschen einzeln und umständlich in die Nudeln praktiziert haben. Italienischen Kindern sollte man mit dieser Geschichte dagegen besser nicht kommen, die verdrehen nur die Augen und sagen «boh» mit jenem unnachahmlichen Laut, der den echten Toskaner ausmacht.
Bei der Zubereitung kann nicht viel passieren, deshalb sind die *rigatoni* oder *penne* mit Erbsen auch für diejenigen Gastgeberinnen geeignet, die – wie ich

manchmal – zwischendurch ein paar Takte mit ihren Gästen reden wollen. Passend ist dieses effektvolle Gericht auch für Damen und Herren, für die Pasta bloß Nudeln sind. Auch solche Mitmenschen können in ihren Grenzen manchmal sympathisch wirken, und ich halte es für möglich, daß diese *penne* mit Erbschen ein erstes zartes Wohlwollen gegenüber der bisher wenig geliebten Pasta hervorrufen können. Gerade die kurzen Nudelformen, wie *rigatoni, penne, orecchiette* oder *ditali,* sind ideal für Ungeübte, Kinder, Kaufaule, Schlucker, Gierige, Mampfer, Hocker und Großmäuler, kurz, es deckt fast die ganze Palette möglicher Gäste ab. Auf der anderen Seite würde ich es mir nie gestatten, mit dieser einfachen Pasta-Schüssel vor ausgesuchte Gourmets zu treten. Für sie habe ich etwas anderes, nämlich meine *penne al salmone.*

PENNE AL SALMONE

PENNE MIT LACHS

(Zubereitung 40 Min.)

400 g mezze penne rigate
50 g Butter
120 g süße Sahne
250 g frischer Lachs
Salz, weißer Pfeffer aus der Mühle

FÜR DEN FISCHSUD:
1 l Wasser
1 Zweig Rosmarin
2 Lorbeerblätter
1 Glas Weißwein
1 TL Salz
5 schwarze Pfefferkörner
3 Wacholderbeeren

Den Lachs im Sud in einer weiten Pfanne oder in einem großem Topf ca. 10-20 Minuten gar ziehen lassen, dann herausheben, die Haut abziehen und von den Gräten lösen. Diese delikaten Stücke stellen wir beiseite, die Gräten und etwa anhängende Teile geben wir zurück in den Sud und kochen sie noch ein Weilchen mit, damit sein Geschmack sich rundet. Ideal wäre es, wenn Sie sich beim Fischhändler für ein paar Mark noch einen hübschen Lachskopf dazupacken ließen, der zerlegt mit in den Fischsud wandert. Grausamkeit hin oder her – so ein glatter, von blau bis schwarz schillernder Lachskopf ist einfach schön. Wenn jetzt noch das Rosa des Fischfleisches dazukommt, vertiefe ich mich doch erstmal in das Objekt, ehe ich nach einer Weile auftauche und entschlossen weitermache, und zwar folgendermaßen: separat die Butter schmelzen, mit der Sahne mischen, mit Pfeffer und Salz abschmecken.
Wir haben zu diesem Zeitpunkt drei Töpfe auf dem Herd: einen mit der Pasta, einen mit dem Sud, einen mit dem eben begonnenen *sugo.* Der Sud soll, leise brodelnd, auf ein Drittel seiner ursprünglichen Menge eingekocht sein, ehe wir ihn durch ein Sieb seien und auf die kleinste Flamme stellen.
Die noch bißfeste Pasta abgießen. Sie soll «molto al dente» sein. Zuerst ziehen wir die Butter-Sahne-Mischung und die Lachsstücke vorsichtig unter und gießen darauf den Sud an. Im heißen Wasserbad sollen die abgedeckten *penne* noch 2-3 Minuten weiterquellen, wobei sie den Sugo mit seinem herrlichen Aroma fast ganz aufnehmen. Haben die *penne* die richtige Konsistenz, servieren wir alles in einer vorgewärmten Schüssel. Mit diesem Stargericht machen Sie *«bellissima figura»,* den besten Eindruck! Dazu reichen wir natürlich einen trockenen italienischen *vino bianco.*

TAGLIATELLE AL PESTO E SALMONE

BANDNUDELN MIT PESTO UND LACHS

(Zubereitung 45 Min. plus 1 Std. Ruhezeit)

350 g Tagliatelle
200 g frischer Lachs
etwas Zitronensaft

1 TL Thymian
2 EL Butter
etwas Salz
Pfeffer aus der Mühle

FÜR DEN PESTO:
3 Knoblauchzehen
40 g Pinienkerne
4 EL Öl
50 g Basilikum
½ TL Salz
etwas Pfeffer aus der Mühle

Die Pesto-Zutaten werden alle zusammen in einem Mörser oder Mixer zu einer homogenen Masse verarbeitet. Den Lachs säubern, mit etwas Zitronensaft beträufeln und für ca. 1 Stunde im Kühlschrank marinieren lassen. Danach wird er ganz sanft in der Butter gegart, von den Gräten gelöst und in mundgerechte Stücke zerlegt. Salzen, pfeffern, mit wenig Thymian bestreuen.
Die Pasta ist inzwischen gekocht, gerade abgegossen, im Sieb bereit. Sie wird vorsichtig unter den Lachs mit der Butter gehoben. Vom Feuer ziehen, zudecken! Nun zaubern wir, indem wir die Pesto-Masse unterziehen, das zarte, beglückende Maiengrün. Stellen Sie sich vor: hellgelbe Pasta, lachsrosa gefärbte Fischstückchen in frühlingsgrüner Creme. Dies ist die *«eleganza vera»*. Serviert in einer temperierten Schüssel.

Das Bad in der Pasta

SPAGHETTI ALL'ACCIUGATA

SPAGHETTI MIT SARDELLEN

(Zubereitung 20 Min.)

400 g Spaghetti
6 EL Olivenöl
3 Knoblauchzehen
100 g Sardellenfilets (ca. 12 Filets) in Salz oder unter Öl eingelegt

3 EL des Olivenöls werden mit dem gewürfelten Knoblauch auf kleiner Flamme erhitzt, bis der Knoblauch leicht anfärbt. Ziehen Sie nun den Topf vom Feuer. Die gräten-, schwanz- und kopflosen abgetropften Sardellenfilets hineingeben und gleichmäßig mit einer Gabel zerdrücken, bis eine homogene Masse entsteht, danach das restliche rohe Öl unterziehen.
Sind die Spaghetti inzwischen auf dem Garpunkt, wird der duftend glatte Sardellen-Sugo vollkommen unter die Pasta gezogen, bis er sich, unseren Augen entschwindend, innig mit ihr vermählt hat. Was man nicht sieht, schmeckt um so vollmundiger.

FISCH-ERLEBNIS TOTAL

Bevor wir zu den etwas schwierigeren Meeres-Sughi kommen, hier noch mein «Fischerlebnis total»: Italien besticht unter anderem durch die Tatsache, daß mit verblüffender Zuverlässigkeit fast alles anders funktioniert als geplant. Dann arrangiert man sich eben, und darin sind die Italiener bekanntermaßen Weltmeister. Wer das nicht durch ein wenig Flexibilität und Phantasie ausgleichen kann, bleibt ewig ein Fremder in der Fremde.

So verlassen wir uns zum Beispiel 100prozentig darauf, daß bei einem Gewitter auf dem Lande, spätestens nach dem zweiten Donnerschlag, der Strom ausfällt. Bei Feriengästen löst das Eintreffen einer solchen Prophezeihung dann auch Stürme der Begeisterung aus. Was allerdings Gefriertruhen und Kühlschränke der Supermärkte betrifft, ist die Wirkung eher fragwürdig, beeindruckt aber hier niemanden groß. «*Rimaniamo al buio*» oder «*al secco*», «Bleiben wir eben im Dunkeln» und «auf dem Trockenen!» (Denn unser Wasser wird elektrisch aus dem Brunnen gepumpt.)

Nun stelle man sich einen herrlichen Frühsommertag vor, heißes Flirren verbreitet sich über die bereits gemähten Hügel dieses bezaubernden Landstrichs. Freunde aus Siena und Nachbarn sind zum Fischessen geladen. Es soll wirklich etwas Gutes werden; also trete ich meinen Weg in die Schwüle an.

Die Einkaufsstrecke führt mich durch die geliebte *Crete* südwestlich Sienas. Sie ist genau so, wie Ambrogio Lorenzetti sie vor über 600 Jahren im *Palazzo Pubblico* von Siena malte, das älteste profane Landschaftsfresko. Auch zahlreiche sienesische Maler des 15. Jahrhunderts nutzten die Crete als Kulisse für ihre Sakralmalerei. Für unser Jahrhundert gilt Dario Neri als der «Maler der Crete», wie also sollte ich selbst mich ihrem zarten Kolorit entziehen können, ihren organisch weichen Mammellenhügeln? Hier habe ich gelernt, die Landschaft als Körper zu begreifen.

Im Erntemonat Juni läßt die Abendsonne die vom Klatschmohn durchwirkten Weizenfelder auf tausend kleinen Hügeln erglühen. Nur gelegentlich säumen schwarzgrüne Zypressen im überstrahlenden Gegenlicht die *strada bianca*. Auf dem kahlen Hügel neben der staubigen Straße spendet eine einzige Pinie, selbst der Hitze voll ausgeliefert, einer kleinen Herde von Schafen wenig Schatten. Der rissiggraue Boden darunter ist von einem Krakelee durchzogen wie auf einem alten Meisterwerk.
Im Tal der Arbia liegt mein Einkaufsort, da hat Pia ihren angenehm kühlen Fischladen gleich beim Supermercato. Hier empfängt mich die bunte, glubberige Vielfalt allerlei Meeresgetiers. Nach dem Kauf eines wunderschönen Seewolfes, der den Abend krönen soll (wenn schon, denn schon), eines Dentice (der mit den hübschesten Zähnchen) und 2 ewig beleidigt wirkenden Triglie (Rotbarben), einiger Scampi und Muscheln wird es unausweichlich klar: Schwarze Wolken ziehen auf, Schwüle schwillt an, Gewitter, Blitz und Donnerschlag! Ich zahle, raffe meine Beute flugs zusammen, trete so schnell wie möglich den Rückzug an und erreiche den Hof mit Mühe und Not. Der Strom ist aber schon weg, der Kühlschrank beginnt bald abzutauen, auch der Keller ist im Hochsommer nicht der rechte Ort für meine sehr verderbliche Ware.
Mit der ganzen Fischpracht sinke ich erst mal verzweifelt auf den Stuhl, denn bei Stromausfall kommt ja auch kein Tropfen Wasser aus dem *«rubinetto maledetto»*, dem verdammten Wasserhahn. Also begebe ich mich ans Telefon, um die «Enel», das Elektrizitätswerk, anzurufen, wohl wissend, daß diese Tat wohl keinerlei Erfolgschancen haben wird. Zumindest hoffe ich aber auf eine Auskunft über Dauer und Ausmaß des Desasters. Danach werde ich auch diese letzte Verbindung zur Außenwelt freiwillig kappen, bevor ein Blitz den Apparat samt Fax außer Betrieb setzt. *«Pronto? pronto!» «Sì, pronto!»* (Krachen, Rauschen) wieder *«pronto»!* So muß sich das historische allererste Ferngespräch angehört haben. Aber eine bestimmte Auskunft erwarte ich von der reizenden Stimme auf der anderen Seite vergebens. Sie betont, wie sehr sie selbst dieses Mißgeschick betrifft, wie angestrengt die Montagetrupps nach der schadhaften Stelle suchen, wie katastrophal die Arbeitsbedingungen der armen Monteure seien, die bei Wind, Wetter, Blitz und Donner da draußen sein müssen, sich aufopfernd für das Wohl der Landbevölkerung (damit sollte ich gemeint sein).
Ich betrachte meine Fische und beschließe, nun meinen stärksten Trumpf auszuspielen: Das gefährdete Abendessen, mit besten Freunden und diesem meinem Meeresgetier, das der sicheren Verderbnis ausgeliefert sein wird. Jetzt endlich kommt meine Telefonpartnerin richtig in Fahrt. *«Mamma mia, che facciamo?!»* Was machen wir bloß? Erst mitfühlend tröstend, dann ihre Kollegen im Hintergrund mit einbeziehend, hat sie längst mein Problem zu ihrem gemacht.

Hier handelte es sich ja tatsächlich um einen Notfall. «Fische, sagen Sie, und Scampi und Muscheln?» Im Hintergrund höre ich debattieren. Und dann meine Angestellte vom E-Werk: *«Pronto, pronto!* (ksskss kssst ssst, krachen) – Signora, hören Sie mich?» *«Sì, sì,* da war nur ein Blitz in der Leitung». «Kein Problem Signora, Ihr Abendessen ist gerettet!» Aha, denke ich, jetzt kriege ich meinen Spezialstrom! Ich atme auf; und dann kam sie, die Problemlösung aus der Standleitung: *all'italiana* – nämlich in Form eines Rezeptes für einen ligurischen *cacciucco!* «Machen Sie sich gleich ans Werk, Signora, *e buon appetito*, vielleicht kommen wir heute abend auch vorbei!» Warum bin ich nur nicht selbst drauf gekommen? Ist doch klar, ein *«cacciucco»*, ein toskanischer Fischtopf, war hier die Lösung! (Und das fanden meine zufriedenen Gäste im Dunkel des Sommerabends auch.)

SPAGHETTI ALLA CALABRESE

SPAGHETTI MIT SARDINEN UND KORINTHEN

(Zubereitung 1 Std. inklusive Einweichzeit)

400 g Spaghetti
1 EL Korinthen
500 g frische Sardinen
5 EL Olivenöl
2 Knoblauchzehen
1 EL Paniermehl
Salz

Die Korinthen werden etwa 1 Stunde in kaltem Wasser eingeweicht, während Sie die Sardinen säubern. Dafür legen Sie die Sardine mit dem Rücken in die Handfläche, ziehen den Kopf gegen die Bauchseite hin mit der ganzen Mittelgräte ab. Gegebenenfalls fahren wir mit dem Daumennagel hinter der Rückengräte Richtung Schwanzende. Fertig aufgeklappt liegt das filetierte gesäuberte Fischlein vor uns.
Die Filets läßt man nun für nicht mehr als 5 Minuten halbgar ziehen, im Sieb abgießen, abtropfen, abtupfen. In der Pfanne mit 5 Eßlöffeln Olivenöl den gequetschten Knoblauch Farbe annehmen lassen, entfernen und die Filets zugeben, salzen, auf kleiner Flamme die Korinthen und das Paniermehl gut untermengen und etwa 5 Minuten köcheln lassen. Anschließend noch 5 Minuten ziehen lassen. Die Pasta ist inzwischen *al dente*, abgegossen und die Schüssel vorgewärmt.
Geben Sie den Sardellen-Sugo darunter, und servieren Sie das Gericht mit einem trockenen italienischen Weißwein.

SPAGHETTI MARI E MONTI

SPAGHETTI VON MEER UND BERGEN

(Zubereitung 2 Std. inklusive Einweichzeit)

400 g Spaghetti
500 g Venusmuscheln
25 g getrocknete Steinpilze
30 g Butter
2 EL Öl
½ rote Zwiebel
200 g gewürfelte Pelati (pezzettoni)
1 EL gehackte Petersilie
Salz, Pfeffer aus der Mühle

Die Venusmuscheln sollen ca. 1-1½ Stunden unter frischem Wasser gereinigt werden. Die Pilze benötigen im lauwarmen Wasser etwa 1 Stunde Einweichzeit. Danach lassen wir sie abtropfen und schneiden sie gegebenenfalls etwas kleiner. Nun werden die Muscheln bei lebhafter Flamme in einer abgedeckten Kasserolle mit sehr wenig Wasser gegart. (Geschlossene Muscheln werden danach immer ausgesondert.)

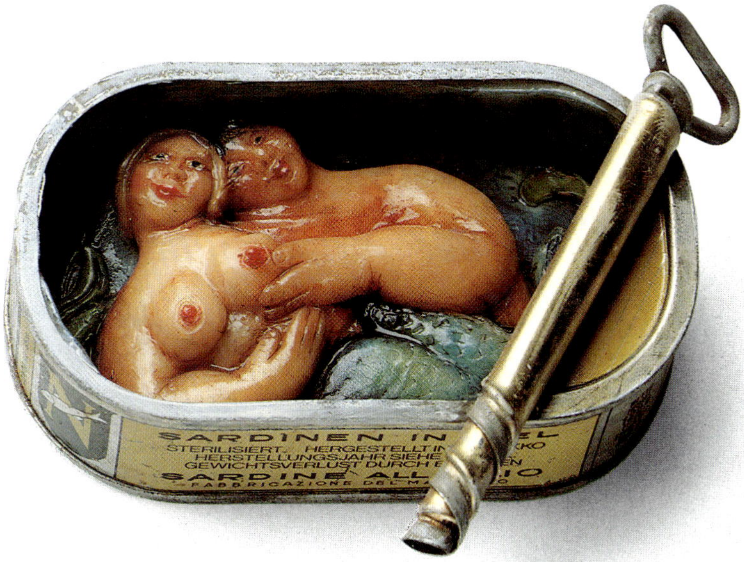

«ohne Titel»

Die geöffneten Muscheln lösen wir aus der Schale und stellen sie mit ihrem Saft beiseite. Die feingehackte Zwiebel lassen wir in einer Pfanne mit Butter und Öl glasig werden und geben die Tomatenstücke hinzu, salzen, pfeffern und fügen die abgetropften Pilze bei. Sie lassen diese etwa 3 Minuten vor sich hinköcheln, fügen dann das Muschelfleisch mit seinem Saft und die gehackte Petersilie zu und lassen noch etwa 2 Minuten ziehen.
Inzwischen ist die Pasta so weit, daß der köstliche Sugo, dessen Quelle das Meer und die Berge sind, unter die Spaghetti gezogen werden kann. Es darf serviert werden: *«a tavola!»*

LIEBHABER ODER SKEPTIKER

Nett zu beobachten sind die Reaktionen mancher Gäste, die sich erstmalig mit Fisch-*Sughi* konfrontiert sehen. Im stillen teile ich meine Landsleute dann in folgende Kategorien ein:

1. Die Mutigen, Angeber und Bluffer: selbstverständliches Hinnehmen, beiläufige Bemerkung «alles klar», forciertes, hackendes Zustoßen der Gabel, schnelles Kauen – erledigt. Leider profitieren sie nur wenig von der Fülle des Geschmacks.

2. Die Mißtrauischen und Zweifler: trockenes Schlucken, zögerndes Herausnehmen aus der Schüssel. Dabei achten sie darauf, daß das Gekringel der Fangarme wie beiläufig wieder in die Schüssel zurückfällt. Mit langen Zähnen und hochgezogener Oberlippe wird das unbekannte Getier auf dem langsam mahlenden Prüfstand des Gebisses getestet. Hier besteht eine kleine Chance, daß die Delikatesse während der Mahlzeit erkannt wird, was sich dann an einem befreiten Lächeln zeigt.

3. Die Feigen: «Als ich noch klein war, hatte ich mal eine Fischvergiftung, das Trauma, weißt du ... »
(Da neigt mein Mann zartfühlend zu der Frage: «Dann darf ich wohl für Dich noch einmal reinhauen?»)

4. Die Ehrlichen und Aufrechten: ein schlichtes «iih»!

5. Die Kenner und Liebhaber: Sie sind deutlich in der Überzahl, und mit ihnen auch jene, die gerne voll zuschlagen und sich an solcher Köstlichkeit zu laben wissen. *Allora, coraggio!*

TAGLIATELLE CON TRIGLIE ALL'ARANCIA

BANDNUDELN MIT ROTBARBEN IN ORANGEN

(Zubereitung 45 Min.)

350 g Tagliatelle
350 g Rotbarben, filetiert
4 EL frisch gepreßter Orangensaft
6 Orangenscheiben
1 Knoblauchzehe
6 EL Olivenöl
Salz, Pfeffer aus der Mühle

Die Rotbarben möglichst gleich beim Fischhändler filetieren lassen.
Den Backofen auf 180 °C vorheizen.

3 Eßlöffel Öl in eine feuerfeste Form geben, die Filets hineinbetten, mit Cognac und Orangensaft übergießen. Dann das Ganze mit den Orangenscheiben bedeckt für ca. 7 Minuten in den Backofen stellen.
Die Tagliatelle werden nun ins kochende Salzwasser gegeben. In einer Kasserolle, die groß genug ist, hinterher die Pasta aufzunehmen, wird das restliche Öl mit dem gequetschten Knoblauch erhitzt. Blondgefärbt entfernen wir ihn, salzen und geben den Fond aus der Fischform hinzu, danach die abgegossene Pasta, mischen und portionsweise auf die angewärmten Teller verteilen. Leicht pfeffern und die Rotbarbenfilets darüber garnieren. Vergessen wir nicht, den Vino bereitzustellen: vielleicht einen *Bolgheri Rosato D.O.C.?*

PASTA AL FORNO ALLA ALFIO

PASTA, ÜBERBACKEN, NACH ALFIO

(Zubereitung 30 Min.)

400 g Penne
3 EL Olivenöl
1 kleine rote Zwiebel
2 EL Kapern ohne Salzlake
8 Sardellenfilets aus der Dose
40 g Oliven (schwarz, entsteint)
Pfeffer nach Geschmack
250 g Pelati
3 EL Paniermehl
plus 1 EL für die Backpfanne
2 EL geriebener Parmesan
60 g Schafskäse, in feine Scheiben geschnitten

In den 3 Eßlöffeln Olivenöl lassen wir die feingehackte Zwiebel glasig werden. Inzwischen werden die kurz abgespülten Kapern zusammen mit den Oliven und den Sardellenfilets grob gehackt. Sie werden mit den zerdrückten Pelati und den Zwiebeln weitere 5-10 Minuten mitgekocht.
Die *penne* werden kurz vor der Garzeit abgegossen.
Eine Lasagnepfanne wird mit Olivenöl ausgepinselt und mit 1 Eßlöffel Semmelmehl ausgestreut. Dahinein schichten wir die *penne*, die wir fast mit dem ganzen *sugo* angemischt haben. Ein Rest, etwa 3 Eßlöffel, wird obendrauf gegeben, mit Parmesan bestreut und mit feinst geschnittenen Pecorinoscheiben belegt, darüber werden noch 3 Eßlöffel Paniermehl verteilt. Das Ganze kommt in den auf 180 °C vorgeheizten Ofen, bis das Gericht eine goldbraune Farbe angenommen hat und der Käse angeschmolzen ist.

SPAGHETTI CON LE SEPPIE

SPAGHETTI MIT TINTENFISCHEN

(Zubereitung 40 Min.)

400 g Spaghetti Nr. 3
300 g kleine Seppie
1 kleine rote Zwiebel in Scheiben
5 EL Olivenöl
1/2 Glas Weißwein
1/2 Bund gehackte Petersilie
1 kleiner Zweig Rosmarin
Salz
frisch gemahlener Pfeffer

Keine Angst vor Meeresgetier! *Seppie* sind Tintenfische. Nachdem wir sie gewaschen haben, trennen wir den Kopf ab, schneiden den Teil mit den Augen und dem Mundwerkzeug heraus.

Normalerweise sind die *seppie* im Handel bereits ausgenommen. Wir brauchen sie also nach der kleinen oben beschriebenen «Operation» nur noch in schmale Streifen und Ringe zu schneiden. Bekommen Sie keine *seppie*, tun es auch die *calamari*, die ebenso leicht zu behandeln sind. Wählen Sie im Zweifel immer die kleineren Tiere aus, die sind zarter. Bei Kalamaren zieht man gefühlvoll am Kopfteil, während man den sackartigen Körper locker umfaßt, so lösen sich die Innereien mit dem durchsichtigen Knochen leicht heraus. Nur der Kopf mit den Fangarmen (wieder ohne Augen und Mundwerkzeug) wird mit dem Sack zusammen in 3-5 Millimeter schmale Streifen und Ringe geschnitten.
Die Zwiebelscheiben in 3 Eßlöffeln Öl 3 Minuten lang leicht anrösten, die Tintenfischstückchen zugeben, leicht salzen und pfeffern und weitere 3 Minuten garen lassen. Mit dem Weißwein ablöschen. Nun die gehackte Petersilie mit 2 Eßlöffeln Öl und den Rosmarinzweig dazugeben.

Lassen Sie weitere 10 Minuten köcheln. In der Zwischenzeit haben wir die Spaghetti *al dente* gekocht, abgegossen und in einer großen Schüssel warm gestellt.

Bevor wir den *sugo* unterziehen, den Rosmarinzweig entfernen.

TAGLIATELLE CON SOGLIOLA ALLO ZAFFERANO

TAGLIATELLE MIT SEEZUNGE UND SAFRAN

(Zubereitung 45 Min.)

400 g Tagliatelle
250 g Seezungenfilets
60 g Butter
6 EL konzentrierte Fischbrühe
1 Messerspitze Safran
2 EL Weißwein
4 Stengel Schnittlauch
Salz, schwarzer Pfeffer aus der Mühle

Die Seezungenfilets werden gewaschen, abgetrocknet und quer in 5 mm breite Streifen geschnitten. In einer großen Pfanne schmelzen wir 30 g Butter, fügen die ganzen Schnittlauchstengel zu, dann die Seezungenstücke, löschen mit dem Weißwein ab und lassen das Ganze zugedeckt 4 Minuten köcheln.
Die Fischbrühe (im Handel als Dosenkonserve oder als Brühwürfel) wird angewärmt und der Safran darin gelöst zum *sugo* gegeben, dann weitere 2 Minuten garen.
Jetzt den Schnittlauch entfernen. Wir lassen die restlichen 30 g Butter in der Fischsoße schmelzen, schmecken mit Salz und Pfeffer ab und wieder 2 Minuten auf niedriger Flamme zugedeckt köcheln lassen. Die *tagliatelle* sind inzwischen fertig und werden in der Pfanne mit der Fischsoße vermengt, noch einmal kurz aufwellen lassen, damit die Pasta den *sugo* voll aufnimmt. Portionsweise auf vorgewärmten Tellern servieren.

PENNE CON POLPA DI ARAGOSTA

PENNE MIT LANGUSTENFLEISCH

(Zubereitung ca. 20 Min.)

400 g Penne
200 g gekochtes Langustenfleisch (eventuell aus der Dose)
3 EL Olivenöl
1 Zehe Knoblauch
1/4 Glas Cognac
6-8 Blatt Basilikum
Salz, Pfeffer

Das Langustenfleisch abgetrocknet mit dem Wiegemesser zerkleinern. In einem Topf das Olivenöl erwärmen, den Knoblauch darin goldgelb braten und anschließend entfernen. Nun das Langustenfleisch zugeben, mit dem Cognac angießen, salzen, pfeffern und mit dem kleingeschnittenen Basilikum verfeinern. Unter die *al dente* gekochte Pasta gemischt, wird das Gericht auf warmen Tellern serviert. Vielleicht eine Anregung fürs Silvestermenü?

PENNE CON VONGOLE E PISELLI

PENNE MIT VENUSMUSCHELN UND ERBSEN

(Zubereitung 40 Min. plus 2 Std. wässern der Muscheln)

400 g Penne
400 g Venusmuscheln
400 g Erbsen
6 EL Olivenöl
1 EL gehackte Petersilie
Salz, Pfeffer

Die Muscheln unter wechselndem Wasser wässern, säubern und in einer Kasserolle mit wenig Salzwasser zugedeckt auf lebhaftem Feuer ca. 5 Minuten kochen, bis sie sich öffnen. Das Muschelfleisch entnehmen und zusammen mit dem eigenen Saft aufbewahren.
Die Erbsen in einem großen Topf mit dem Olivenöl und 8 Eßlöffeln vom Saft der Muscheln für 12 Minuten köcheln. Die *penne molto al dente* kochen und abgießen. Die Muscheln zu den Erbsen geben und weitere 2 Minuten weiterköcheln lassen. Dann die Pasta zugeben, die gehackte Petersilie darunter und Pfeffer aus der Mühle. Nochmals 2 Minuten ziehen lassen, damit die Pasta den aromatischen *sugo* aufnehmen kann und in einer warmen Schüssel servieren.

Netter 91

Spaghetti al Polpo

«LA BELLA FIGURA»

Die gute Figur bedeutet, guten Eindruck zu machen. Man ist erfolgreich, tüchtig und möglichst auch noch schön. Sie ist ein unverzichtbarer Bestandteil italienischen Lebensstils: Wenn einer hierzulande beispielsweise Geld braucht, tritt er so auf, als ob er es schon hätte. Das kennen wir auch. Also wirft er sich in den feinen Markenanzug, bindet seine Seidenkrawatte und holt das gepflegte blütenweiße Designerhemd aus dem Schrank und hält so dem prüfenden, messerscharfen Blick von zukünftigen Brötchengebern, Sponsoren, Bürgermeistern oder Bankbeamten bestens stand.
Wenn ein Hamburger auf die Frage, wie es so geht, antwortet: «Ich kann nicht gut klagen», dann machte er in Italien fast schon «brutta figura». Freunde und Bekannte versichern sich strahlend, daß alles prächtig ist: Wetter, Erfolg, *in ottima forma*, in bester Form, alles «meraviglioso», wunderbar.
Ab 1. Oktober führt die stolze Signora im Dorf ihren Pelzmantel aus – ungeachtet der Außentemperatur. Das schicke Auto, das Modellkleid, die teure Haustür aus Kastanienholz mit prächtigen Messingbeschlägen gehören ebenso dazu wie das «telefonin*o*», mit dem jeder zweite endlose Gespräche im Straßenverkehr führt: *bella figura*, zeig, was du hast, oder mach wenigstens den anderen glauben, daß das, was du beiläufig vorführst, wohl nur die Spitze des Eisbergs darstellt. Wer allerdings meint, protzen zu müssen mit dem, was er hat, macht schon wieder «brutta figura». Im Unterschied zum tumben Aufschneider gehört zur *bella figura* gewissermaßen das natürliche Vergnügen an gekonnter Selbstdarstellung.
Wir bleiben «belli» und «bravi», bis wir aus Altersgründen das «bello» durch

«interessante» oder «speciale» ersetzen. «Molto speciale» bleiben wir dann «fino alla fine».

«Bella figura in assoluto» auf dem Speisezettel sind die *tagliatelle ai frutti di mare e crostacei*, für lukullische Ansprüche, die nur für sehr nette Leute, möglichst 8 Personen oder mehr, zubereitet werden. Glücklich jeder Fischliebhaber, der an einer solchen Tafelei teilhat. Dafür hat man einfach Zeit und viel Spaß, denn schon der Einkauf ist ja ein Erlebnis. Bestimmt ist der Laden, der oft nur freitags und dienstags frische Ware hat, gerammelt voll. In Ruhe kann ich all die schillernden, großäugigen, kühlen «Schönen des Meeres» betrachten. Schweren Herzens treffe ich die Entscheidung. Die Frische der Ware ist das entscheidende Kaufkriterium:

Schauen Sie besonders Ihrem Auserwählten (Fisch) einmal tief in die Augen. Glasklar, nicht eingefallen, sollen sie sein, und ohne Grauschleier sollten sie zurückblicken. Fest und elastisch fühlt sich frische Ware an. Machen Sie die Druckprobe mit dem Zeigefinger auf den Fischleib. Bleibt eine Delle? Dann ist wohl auch die Schwanzflosse schon etwas ausgefranst, die bei einem Frischfisch noch intakt geschlossen ist. Oder sind die Kiemen nicht mehr leuchtend rot, sondern nur noch ziegelrot oder gar schon braun? Dann sagt es Ihnen vielleicht auch Ihre Nase, von einwöchiger Ware lassen Sie lieber die Finger. Neueste Nachrichten werden am Tresen ausgetauscht, ich höre von Geburten, Hochzeiten und kleinen Gebrechen, erfahre manches über landestypische Zubereitungsarten, Tips und Feinheiten aus der Fischküche. Dann geht das Lamento über die hohen Preise los. Unsere treue Fischhändlerin trifft da keine Schuld – sie hat schließlich Familie –, es ist das System, die Steuer, der Staat! *Ecco* – ich bin an der Reihe und treffe meine Wahl, inzwischen hat mir gerade jemand meine ausersehene Zahnbrasse weggeschnappt. Macht nichts, man sollte sein Rezept dem Angebot anpassen. Nehmen Sie das folgende «gran finale» als einen Vorschlag:

TAGLIATELLE AI FRUTTI DI MARE E CROSTACEI

BANDNUDELN MIT MEERESFRÜCHTEN

(diesmal für 8 Personen, Zubereitung 2 1/2 Std. plus 2 Std. Vorbereitungszeit)

600 g frische Tagliatelle

FISCHZUTATEN:
200 g Vongole veraci (Venusmuscheln)
300 g Miesmuscheln
ca. 10 Gamberi oder 15 Scampi
1-2 Rotbarben oder 1 Goldbrasse oder Zahnbrasse
1 kleiner Krake oder einige Seppie (Tintenfische)
1 kleiner Sägebarsch oder 1 Petersfisch oder 1 Scheibe frischer Lachs

FÜR DEN FISCHSUD:
2 l Salzwasser
1 Glas Weißwein oder Sekt
Zitronensaft
3 schwarze Pfefferkörner
1 halbe Pfefferschote
3 Lorbeerblätter
1 kleiner Zweig Rosmarin
5 Wacholderbeeren

FÜR DEN SUGO:
1 kleine Zwiebel
1 kleine Möhre
1 halbe Stange Sellerie
2 Pelati aus der Dose mit 1 EL Saft
3 EL Butter
3 Knoblauchzehen
1/2 Peperoncino
100 g Panna da cucina

Salz, weißer Pfeffer aus der Mühle
1 Bund Petersilie
frischer Thymian

Sofort nachdem Sie mit Ihrer kostbaren Fracht die Küche erreicht haben, die Venus- und Miesmuscheln etwa 2 Stunden in mehrfach gewechseltem Wasser lagern und am Ende gründlich abbürsten. Verletzte Muscheln gleich aussondern. Fische waschen und abtrocknen.

Den Fischsud bereiten, indem die Zutaten in der oben im Rezept für den Fischsud angegebenen Reihenfolge in den Topf wandern und einmal kräftig aufgekocht werden. Die Hälfte des Sudes im heißen Wasserbad für später zur Seite stellen. In die andere Hälfte die Fische hineingeben, ab sofort darf nichts mehr kochen, bei ca. 90 °C gar ziehen lassen. Für die größeren Fische gelten Garzeiten zwischen 15 und 30 Minuten, je nach Größe und Festigkeit. Sobald sich das Fischfleisch von den Gräten lösen läßt, werden sie mit einem Schaumlöffel vorsichtig herausgenommen, gehäutet und entgrätet. Die Rotbarben allerdings dürfen ihre Haut behalten, da sie sehr zart sind und weil das herrlich leuchtende Rot für die Soße erhalten bleiben soll. Vorsicht, manche rächen sich mit feinsten, kaum sichtbaren Gräten.

Die Seefische werden in nicht zu kleine Stücke geschnitten und erst einmal kalt gestellt. Gräten und Köpfe – allerdings nicht Haut und Augen – kommen zurück in den Sud, der immer weiter eingekocht wird, bis er auf etwa ein Drittel der Ausgangsmenge reduziert ist – ein traumhafter Fond.

Die Muscheln in einem geschlossenen Topf bei temperamentvoller Hitze mit wenig Wasser gar sieden, dann die Flamme niedrig stellen und weiterziehen lassen. Das dauert etwa 3-5 Minuten. Dann können Sie den Deckel lüften. Sollten ein paar noch geschlossen sein, werfen Sie sie weg. Den Muscheln wird nun ihr aromatisches Muskelfleisch mit einer Gabel entnommen, auch diese Beute stellen wir erst mal beiseite ins Kühle.

Nun die Scampi oder Gamberi in einem Tiegel mit 1 Eßlöffel Butter und 1 zerdrückten Knoblauchzehe 10 Minuten von beiden Seiten zartgold bräunen. Schälen, Köpfe entfernen und die vom Anbraten aromatisierte Butter aufbewahren.

Endlich können wir uns der Zubereitung des *sugo* widmen: Die Gemüse werden fein gehackt, die restliche Butter geschmolzen, dazu kommt die aromatische Scampibutter. Das Ganze wird mit 2 zerdrückten Knoblauchzehen verfeinert. Nacheinander Zwiebel, Möhre, Sellerie und die Pfefferschote hineingeben, mit der einen Hälfte des gesiebten Fischfonds auffüllen und etwa 15 Minuten köcheln lassen.
Nun geben wir das Fleisch der Muscheln und der Gamberi bzw. Scampi in den immer leise köchelnden *sugo*, fügen die Sahne hinzu und lassen nochmals 3 Minuten ziehen. Zuletzt werden die Fischstücke hineingehoben. Diese müssen praktisch nur noch angewärmt werden.
Nun salzen, pfeffern, die gehackte Petersilie und den Thymian vorsichtig unterrühren.
Genau jetzt sollten die *tagliatelle* «al dente» gekocht sein – lieber ein wenig zu fest, als zu weich. Eher sollten die *tagliatelle* ein wenig später, als zu früh fertig sein, denn der *sugo* kann warten, die *tagliatelle* aber nicht! Diese sollen nämlich nun noch den zweiten Teil des Fischfonds aufnehmen.

Also die Pasta abgießen und in einen Topf mit der beiseite gestellten Hälfte des heißen Fischsuds geben. Unter leichtem Rütteln des Topfes noch 2 Minuten weiterquellen lassen. Die vollgesogenen *tagliatelle* auf eine ausreichend große vorgewärmte Platte geben, ganz vorsichtig den *sugo* mit den dekorativen Fischen und Schalentieren darüber verteilen. Nun entschädigt Sie bestimmt die festlich frohgestimmte Gästerunde mit einem Applaus, der alle Mühen schnell vergessen macht! Zu diesem köstlich duftenden *«capolavoro»* (Meisterwerk) empfehle ich einen auf 8 °C temperierten *Bianco Pisano di San Torpé D.O.C.*

OLIVENÖL

ABER EXTRAVERGINE!

Zusammen mit den kohlehydratreichen Teigwaren und dem eiweißreichen Fisch spricht man heute immer mehr von der «dieta mediterranea», der «Diät» des Mittelmeerraums. Der wichtigste Protagonist dieser sogenannten Diät kommt aber meist allzu bescheiden daher: das Olio extravergine di oliva, das kaltgeschlagene Olivenöl! Hier also sein wohlverdienter Schlußauftritt.

Die «Kultur des Olivenöls» meint in Italien ein komplexes Zusammenwirken alter gewachsener Traditionen, vom Landschaftsaspekt der Olivenkultur über die Arbeit des Bauern, hin zur unverzichtbaren Basis italienischer Kochkunst selbst, dem *Olio extravergine*, kaltgepreßtem Olivenöl. Es ist schon eine Philosophie.
Es gibt heute Feinschmeckerrestaurants, die ihrem Gast eine Auswahl von 20 kaltgepreßten Olivenölen passend zum jeweiligen Gericht anbieten können. Die sind allerdings überwiegend in Amerika anzutreffen, dem wichtigsten Importeur toskanischen Olio extravergine. – Ausgerechnet? – Ja, die Weltmeister in Überernährung haben es bitter nötig. Mittlerweile hat es auch die Weltgesundheitsorganisation formuliert:

Diese schwarzfigurige attische Amphore wurde um 520 v. Chr. nach Etrurien importiert. Dargestellt ist die «abbacchiatura», die Olivenernte mittels Stöcken.

Olivenöl der Qualität «extravergine» enthält (als einziges der Nahrungsfette) zwischen 70 und 85 % wertvolle einfach ungesättigte Fettsäuren, die die Eigenschaft besitzen, den schädlichen LDL-Cholesterinspiegel deutlich zu senken. Es hat einen hohen Vitamin-gehalt, und unter den Eigenschaften des Öls aus Erstpressung befindet sich auch jene – nicht von geringer Bedeutung –, das Altern der Zellen zu verzögern, so der Ernährungswissenschaftler Dr. Antonio De Cecco.
Manche betrachten das Öl eher als ein «küchentechnisches» Hilfsmittel, ein Öl, das möglichst nach nichts schmeckt, je neutraler, desto besser. Wie könnte es auch anders sein, wo fehlende Tradition erst durch allmählich wachsende Information ersetzt werden muß?

VON DER ALTEN ZUR NEUEN «DIETA MEDITERRANEA»

Könige wurden damit zum Kaiser gesalbt. Schon in der Antike galt Ölivenöl als Heilmittel und als eine Substanz, die besondere Kraft verlieh. Der Olivenbaum, in allen mediterranen Kulturen ein heiliger Baum, war der Athene geweiht, der Göttin der Weisheit. Wem Zeus den Sieg bei den Olympischen Spielen schenkte, der wurde mit einem Olivenzweig gekrönt, Symbol des Friedens und der Versöhnung, und Plinius d. Ä. formulierte schon vor fast 2000 Jahren: «Keine Pflanze außer dem Rebstock trägt Früchte, die dem Wert der Olive gleichkämen.»

Doch wie vieles von dem, was in der Antike Allgemeingut war, ist längst verschüttet. So gilt uns heute der Beweis des Wissenschaftlers oft als willkommener Ausgleich für mangelnde Selbsterfahrung.
Das Nobelpreis-Duo Brown/Goldstein, scherzhaft «Brownstein» genannt, hat sich über 20 Jahre den komplizierten Stoffwechsel-Zusammenhängen gewidmet, die zur Arteriosklerose führen. Sie wurden die Entdecker der Natur der LDL-Rezeptoren.
Damit sind wir schon wieder beim Thema Cholesterin. Gefragt, was man wirkungsvoll gegen Durchblutungsmangel und Infarktrisiko tun könne, schlug Dr. Brown die *dieta mediterranea* vor, als die beste, weil ausgewogenste Ernährungsform zusammen mit dem Olivenöl als idealstes aller Nahrungsfette. – Addio, geliebte Frühstücksbutter, du freilaufendes Cholesterin-Ei, du saftiges Steak mit deinen gesättigten Fettsäuren!
Im Land der Erdnußbutter und des Maisöls ließ das aufhorchen. Die ersten, die davon Gebrauch machten, waren die Sportmediziner. Seitdem sieht man Olympioniken nicht mehr eingeflogene Steaks verspeisen, sondern Pasta, Fisch, Gemüse – alles mit feinem Olivenöl angemacht!
Spätestens jetzt wird Ihnen aufgegangen sein, daß die Gewichtung der Rezepte der PASTAMANIA wohlüberlegt zugunsten von Gemüse und Fisch erfolgte, fast völlig auf Kosten des Fleisches – ganz im Sinne der *dieta mediterranea,* und daß in beinahe keinem Rezept kaltgepreßtes Olivenöl fehlt!

OLIVENÖL GEGEN KREISLAUFSCHÄDEN

Kaltgepreßtes Olivenöl enthält von allen Speisefetten den höchsten Anteil an einfach ungesättigten Fettsäuren (Oleinsäure ca. 80%) und hoch ungesättigten Fettsäuren (Linolsäure etc.). Dagegen ist es arm an gesättigten Fettsäuren wie der schädlichen Palmitinsäure. Es entlastet die Leber, indem es die Bildung des sogenannten «guten» Cholesterins HDL fördert, dessen Bestandteile das schädliche Cholesterin abräumen und eliminieren – eine Art Kläranlage im Organismus.
An der Spitze der Länder mit Herz-Kreislauf-Krankheiten liegen die Länder Nordeuropas und die USA, glücklich wieder die Mittelmeerländer; ein Vergleich zwischen Finnland und Kreta ist eindrucksvoll: Finnland verzeichnet pro 1000 Einwohner 136 Herzinfarkte und Kreta nur 7,6! Ein Landarbeiter in Kreta mit 3600 Kalorien täglich deckt seinen Energiebedarf zu 25 % mit Olivenöl. Brot, Wein und Öl bilden drei Viertel seiner Nahrung.

EINE MEDIZIN FÜR JEDES ALTER

Ein gesunder Mensch mit normaler Konstitution sollte täglich 1 g Fett pro Kilogramm Körpergewicht aufnehmen. Olivenöl gilt wegen seines Reichtums an einfach ungesättigten Fettsäuren vielen Ernährungswissenschaftlern als wichtiger Pfeiler in der Wachstumsphase des Kindes vom Säuglingsalter an, auch dank der Vitamine A, E und D zum Aufbau von Muskeln und Knochen. Besonders ab der Lebensmitte aber sind vorbeugende Maßnahmen zur Erhöhung des HDL-Anteils hilfreich. Schlanken Frauen, die statistisch eher von Osteoporose bedroht sind, sei hier kaltgepreßtes Olivenöl empfohlen, das den Abbau des Mineralhaushalts (Kalzium) im Knochengewebe wirksam verzögert. Täglich sollte man mindestens 15 g davon mit der Nahrung zu sich nehmen.

MIT OLIVENÖL ABNEHMEN!

Wie wir nun schon wissen, hilft der hohe Anteil ungesättigter Fettsäuren Fettablagerungen abzubauen. Eine bekannte Untersuchung des texanischen Diätologen Dr. Scott Grundy läßt kaum Zweifel aufkommen. Grundy probierte 3 Diäten an einer Personengruppe nacheinander aus und nannte sie:
1. High-mono: reich an einfach gesättigten Fettsäuren mit kaltgepreßtem Olivenöl (40% Fett, 43% Kohlehydrate, 17% Eiweiß).
2. High-fat: reich an gesättigten Fettsäuren und wieder 40% Fett, 43% Kohlehydrate und 17% Eiweiß in der Nahrung.
3. Low-fat: mit niedrigem Anteil an Fettsäuren: 20% Fett, 63% Kohlehydrate und 17% Eiweiß.
Jede Diät führte täglich die gleiche Menge von 100 mg zu – mit dem erstaunlichen Ergebnis, daß High-mono (mit Olivenöl, aber 40% Fett in der Nahrung) den Cholesterinspiegel um 5 Punkte mehr senkte als Low-fat mit

nur 20% Fett in der Nahrung! High-fat ließ den Spiegel sogar steigen.
Mit Fett abnehmen – dieses Mirakel leben uns die Mittelmeeranrainer täglich vor. Schon manchem ist aufgefallen, daß im Schlaraffenland der Pasta und des Olivenöls die Schlanken das Straßenbild beherrschen!

OLIVENKULTUR – DER HOF IST HIER DER PADRONE!

Das war 1984, Ende November, da rief Giulia an: «Gerardo che fa?» Was ich mache? Es ist die Zeit der *«brucatura»,* der Olivenernte mit der Hand. Die meisten Oliven sind bereits in der sogenannten Rotreife, nicht mehr grün, noch nicht schwarz. Erntezeit. Es geht um die letzten 50 Bäume, und als ich ankomme, sind die anderen bereits seit Morgengrauen auf der Leiter. Man hörte es schon von weitem, wie die Pflücker sich von Baum zu Baum unterhielten. «... dem Galletto hat man einen Schinken geklaut? – *non è possibile, porca puttana ...»* Scherze, der neueste Klatsch, derbe Witze und manche Zurufe, deren Dialekt ich nicht immer verstehe, mischen sich unter ein schier endloses Reservoir toskanischer Flüche. Giulia lacht: «Das hat nichts zu sagen, das ist hier so, die Sprache ist derb, wo hart gearbeitet wird.» Sie ist noch die einzige wirkliche Bäuerin im Dorf, eine Sardinierin, die natürliches Selbstbewußtsein ausstrahlt.
Franco, *«il Galletto»* (das Hähnchen) genannt, hat den Hof von Guerriero, seinem Vater, übernommen, und nun

Die Oliven werden in der Toskana von Hand geerntet. Die Jungen sehen keinen Sinn mehr in dieser Mühe. Und wenn die Alten nicht mehr auf die Leiter steigen, was dann?

gilt es, die 60 Chianina-Fleischrinder, 70 Hektar schweren Ackerboden, mit dem man Ziegel brennen könnte, Wald, etwas Weinbau und zweieinhalb Hektar mit 500 Olivenbäumen zu bewirtschaften. Der Hof ist hier *«il padrone»!*
Die Olivenbäume haben knorrige Stämme mit breitkonischer Basis. Franco meint, die ältesten hätten wohl ihre 400 bis 500 Jahre auf dem Buckel. Eine Kunst ist es, sie zweimal im Jahr richtig *«ben accurato»* zu beschneiden, aber ihnen auch mal «Ruhe» zu gönnen.
Jeder Baum braucht im Schnitt 36 m^2 Fläche um sich herum, die gehackt und gedüngt sein will. Da kommen locker 400 Arbeitsstunden pro Hektar zusammen. Bei einem Ertrag von ca. 600 kg Öl, die EG-Hilfe schon eingerechnet, liegt hier der Selbstkostenpreis beim Bauern pro Kilogramm Olivenöl *extravergine* bei 15 DM!
Ich versuche einmal selbst zu schätzen, was der Ernteertrag dieses Baumes mit allen Nebenkosten und Arbeitsleistung bei uns wert wäre – die 20 kg Früchte pro Baum ergeben nicht mehr als 3 kg kaltgepreßtes Öl – ich kam auf ca. 50 DM für ein Kilogramm Öl!
Wir ernten die Oliven von Hand, manche streifen die Früchte mit einem kleinen Plastikrechen in einen Korb. Bald schon sind die Hände klamm vor Kälte, denn von den Bergen weht eine eisige *«Tramontana»* herüber. So mancher Opa hält sich nur schwer auf der wackeligen Holzleiter, doch selbst von dieser hohen Warte läßt sich kaum Pflückernachwuchs orten, und die Jungen sehen in solcher Schinderei nur wenig Sinn.
Unter den Bäumen sind alte Fallschirme aus dem letzten Krieg kreisrund ausgebreitet, die in mir Gedanken an eine Zeit aufkommen lassen, als hier die Deutschen auf dem Rückzug waren. Der Olivenzweig, antikes Symbol des Friedens – die Fallschirme dienen nun zum Auffangen heruntergefallener Oliven.
Nachdenklich nimmt Ottorino die bereits frischen Triebe der Zweige in seine schwieligen Hände, *«speriamo che non*

arrivi il gelo ...». Und dann kam er, il «gelo» – der Frost. Viel schlimmer noch, als erwartet. Januar 1985, ein Jahrhundertwinter mit Schnee und Eiseskälte. In drei Frostnächten unter –22° C wurden 60 % des toskanischen Olivenbestands vernichtet. Anfang März bereits waren die Würfel gefallen. Wir besuchten einen Freund im Chianti, Renato, und trafen ihn draußen bei den Oliven, die sein Urgroßvater für seinen Großvater gepflanzt hatte und dieser für seinen Vater.
Wie ein Irrer lief Renato von Baum zu Baum, fetzte mit den bloßen Händen, die sich bereits lösende Rinde in langen Streifen herunter: *«Guardate, morto, tutto morto ... »* seht her, alles tot!

VOM PRINZIP HOFFNUNG

Etwa zehn Jahre sind seither ins Land gegangen. Die alten Wurzelstöcke haben wieder ausgetrieben. Doch etwas fehlt der altvertrauten Landschaft. Es sind die unregelmäßig gesetzten jahrhundertealten *«Olivastre»,* knorrige Greise, jeder ein charaktervolles Individuum, das sich alljährlich zu beweisen hat.
Gerade um Sant'Antimo, dem Tal der Ruhe und des gregorianischen Gesangs, stehen noch ein paar solcher Methusaleme. Wer sie betrachtet, vermag den altgriechischen Symbolträger der Weisheit zu erahnen.
Anderenorts stehen heute auf ihrem Wurzelstock drei, vier junge Spunte, soldatenmäßig, einer wie der andere, und es muß wohl wieder hundert Jahre dauern, bis sie unseren Kindeskindern

Der Olivenbaum kann auch 1000 Jahre lang Früchte tragen. «Olivastre» nennt man in der Toskana diese lebenden Symbole der Weisheit, des Lebens.

etwas zu erzählen vermögen, vom Prinzip Hoffnung vielleicht.
Am üppigsten gedeiht der immergrüne Olivenbaum auf Meereshöhe, die Überlebenskünstler aber finden wir in Hügellagen bis um 600 Meter. Und wo kommt nun das beste Öl her?
Das beste Öl macht wohl jeder, der verantwortungsbewußt arbeitet, mit seiner Lage, seinen Möglichkeiten, in der Provence oder in Apulien, auf Kreta, in Andalusien oder der Toskana.
An die 200 Olivensorten gibt es. In der Toskana sind aber nur etwa 10 Sorten relevant: Moraiolo, Leccino, Frantoio ... Von ihnen wollen wir sprechen und von den Grenzlagen des Olivenanbaus. Hier gedeihen härtere Sorten unter manchmal harten Bedingungen, auf Kosten der Quantität, aber zugunsten des Faktors Qualität.

DAS GOLDENE DREIECK DES OLIVENÖLS

Wir machten uns nach Trequanda auf, ins *«Triangolo d'oro»* – ins goldene Dreieck des Olivenöls. Gleich nach Pienza, Richtung San Quirico, zweigt rechts ein Sträßchen ab zum ehemaligen Konvent Sant'Anna. Der Maler Sodoma hat dort das Refektorium mit Fresken ausgestattet, bevor er den berühmten Kreuzgang vom nahen Monte Oliveto Maggiore freskieren durfte. Wir genießen einen Blick wie ins verheißene Land: Castelmuzio, Petroio, Trequanda – das goldene Dreieck!
Hat hier der Mensch ganz vergessen, arttypische Fehler zu machen? Weder Industrie noch Monokulturen stören diese heile Welt. Dafür erleben wir tausend Nuancen, vom flirrenden Silbergrün verjüngter Olivenhaine zu den spitz kontrastierenden, fast schwarzen Zypressenalleen im Gegenlicht. Alles erscheint im rechten Maß. Licht und Schatten gestalten ein wechselvolles Naturschauspiel, mit reich modellierter Hügellandschaft, mittelalterlichen Kastellen und Mischwäldchen, einsamen Höfen, Feldern und blühenden, duftenden Kräuterwiesen. Trüffelland, mit Wildspargel, Klatschmohn und Orchideen am Wegesrand.
Castelmuzio: Wir fragen einen Bauern

auf dem Wege nach Petroio: «Wo geht es zu Giordana Carpi?» «Giordana? Gleich vor Petroio biegt ihr an der kleinen Kapelle rechts in die *strada bianca* ein und folgt dem Weg links bis zu einem Haus namens *Malabiccia*, das sieht fast aus wie eine Kirche.»
Es war nicht schwierig, sie wiederzuerkennen, wir hatten Giordana gerade im Fernsehen gesehen. Sie ist jung, Lehrerin und Bäuerin mit viel Enthusiasmus.

OLIVENKULTUR – NATURGEMÄSS UND BIOLOGISCH

Wir beglückwünschen Giordana zu ihrem «Garten Eden«. Es freut sie: «Ja, ein herrliches Stück Erde ist das hier, für die Oliven jedoch zugleich eine Grenzposition. Hier leben sowohl wir Kleinbauern als auch unsere Olivenbäume mit dem Risiko der Existenzbedrohung. – Aber in dieser Lage um 500 m liegt auch unser Glück.» Sie erklärte es uns genauer. «Im Gegensatz zu den Meeresregionen gibt es hier für Oliven keine natürlichen Parasiten, keine *mosca olearea*. Das ist die Oliven-Fliege, deren Larven sich durch die Früchte bohren mit deutlich negativen Wirkungen für die Qualität des Olivenöls. So betreiben wir hier schon immer einen naturgemäßen biologischen Anbau. Die Olive ist eine Frucht, die alle chemischen Fremdstoffe an sich bindet. Unsere Oliven kennen jedoch keine Spritzungen. Sie absorbieren statt dessen die Düfte der *Macchia* und der Kräuterwiesen, auch darin liegt der Vorzug unserer Lage in den *colline senesi*, im senesischen Hügelland.»
Ganz anders in südlichen Regionen, wo der Ertrag um ein Mehrfaches höher liegt. Dort betreiben die Bauern neben der maschinellen Ernte noch die *«abbacchiatura»,* die Ernte mit Stöcken. Wir finden diese sogar auf einer schwarzfigurigen attischen Amphore dargestellt, die um 520 v. Chr. nach Etrurien exportiert wurde. Die verletzten, heruntergefallenen Früchte beginnen sogleich zu fermentieren, zu oxidieren, und das Öl verliert an Frische, an Fruchtigkeit, es bekommt diesen fettig haftenden Geschmack, den man mit dem Gaumen erfährt. So können wir behaupten, daß das Öl der alten Griechen wohl von geringer Qualität und Haltbarkeit war, dies besonders, wenn sie warteten, bis die schon schwarz ausgereiften Oliven gar von alleine vom Baume fielen!

VON DER ERNTE ZUR ÖLMÜHLE

Giordana scheint sich allerdings ganz der Qualitätsverbesserung des Olivenöls verschrieben zu haben. Über Selbstverständlichkeiten spricht sie nur kurz, die *«brucatura»,* die Ernte von Hand, schon Ende Oktober, noch vor Beginn der Rotreife. Besonders wichtig: Die Ernte sollte noch am gleichen Tag zum Frantoio, zur Ölmühle gebracht werden. Nicht in Jute- oder gar Plastiksäcken, in denen die Oliven gequetscht werden und sich erwärmen, sondern in offenen durchlüfteten Kisten. So vermeidet man die sofort einsetzende Oxidation verletzter Früchte mit negativen Auswirkungen auf die Geschmacksnote des wertvollen Öls. Das gilt für jeden Fehler in der langen Kette der Ölgewinnung.
Der Ölmüller arbeitet rund um die Uhr, anders ist der gewaltige Andrang nicht zu bewältigen, und die gerade modernisierte Anlage soll sich amortisieren. Ob in der Ölmühle noch mächtige aufrechtstehende Granitmühlräder ihre enge Bahn in einer gewaltigen flachen Steinschüssel drehen, die die frisch geernteten, gewaschenen Oliven zu einer leuchtendgrünen Pulpe zermahlen, oder ob sie in einer geschlossenen modernen Anlage verarbeitet werden, blitzsauber muß es da immer zugehen.
Nach Durchlaufen einer Mischanlage bei 30°C wird die Öl-Wasser-Emulsion in einer rostfreien Stahltrommel von der Trockenmasse separiert (früher geschah das mit einer Filterpresse, die aus hygienischen Gründen als überholt gilt). Nun werden in einer Zentrifuge die Schwebstoffe vom Öl getrennt. Oder besser noch: Es wird nur sanft dekantiert, was einen erhöhten Fruchtanteil mit sich bringt.
Ist auch der letzte Tropfen Wasser vom Öl separiert, haben wir den Lohn langer Mühen vor uns: ein Geschenk, das man sich wahrlich hart verdienen mußte. Intensiv fruchtig duftend, goldgrün opak fließt es im eleganten Bogen in den stählernen Bottich, *Olio extra-vergine di oliva*, kaltgepreßtes Olivenöl. – Endlich! Die größte Köstlichkeit, die sich ein Toskaner nun im ausklingenden Jahr gönnt, besteht aus den einfachsten Grundessenzen der *dieta mediterranea*: Brot, Wein und – Olivenöl. Drei Produkte, um die der Mensch in vier Jahr-

tausenden Philosophien gewoben hat. Die *«Bruschetta»* wird nun zu beinahe jeder winterlichen Mahlzeit in der ländlichen Toskana zelebriert: Frisches grüngolden opalisierendes Olivenöl wird nicht zu kleinlich über das leicht angeröstete ungesalzene Weißbrot geträufelt. Da kann man auf Knoblauch und Salz getrost verzichten. Wenn Giovanni vom Nachbarhof bei einer *«Bruschetta»* ein Weilchen die Augen schließt und ein kleines verstecktes Lächeln um seine Lippen spielt, frage ich mich, ob er zufrieden der prickelnd pikanten Note nachschmeckt, dem ausgeprägten Fruchtgeschmack, der manchmal fein an Mandeln oder Artischocken erinnert oder – ist es etwa der Preis, von dem er gerade träumt?

IST KALTGEPRESST GLEICH KALTGEPRESST ?

Ein erstklassiges kaltgepreßtes Olivenöl vom Erzeuger kostet pro Liter ca. 1 1/2 Arbeitsstunden zuzüglich der Material- und Betriebskosten. Gilt noch immer, jedes mechanisch nach EG-Vorschrift gepreßtes Olivenöl, das nicht mehr als 1% Ölsäure enthält, darf sich *Olio extravergine* nennen?

«Ja, das ist ein Kreuz«, stöhnt Giordana, «unser hochwertiges Öl erreicht nämlich Traumwerte von 0,15 %, abgesehen von allen anderen Geschmacksvorteilen. Die Industrie erzeugt aber auch *Olio di oliva vergine*, das bis 2% Säurewert aufweist. Dafür preßt man mit ungeheurem Druck unsere Abfälle noch einmal aus. Um aus der Trockenmasse die letzten 6 % Ölanteil auch noch herauszulösen, greifen die *«signori del olio»* am Ende zur chemischen Keule. Dieses stark grüne, weniger wertvolle Öl, *«Verdone»* genannt, dient oft zum Verschnitt minderer Importöle aus Billiglagen und gibt diesen die begehrte appetitliche Farbe. Wer also nur auf den Preis schaut, sich aber ein hochwertiges Olivenöl leisten könnte, hat ein solches Produkt auch verdient!»

D.O.C. – ENDE DES ETIKETTENSCHWINDELS

Auf die Flasche schreibt der Großproduzent dann zum Beispiel «in der Toscana abgefüllt». Der ahnungslose Käufer könnte nun annehmen, er hätte hier ein toskanisches Spitzenprodukt zum kleinen Preis ergattert! Wichtig für eine Einschätzung ist der gemeinsame Ort für Erzeugung und Abfüllung (*prodotto e imbottigliato*) – die Erzeugerabfüllung.

Deshalb also tritt Giordana für eine kontrollierte Qualitätsnorm ein, wie etwa beim Qualitätswein, in Italien D.O.C. – kontrollierte Ursprungsbezeichnung – genannt. Nur so hat der Verbraucher die Gewähr, hochwertiges Olivenöl, vom Erzeuger abgefüllt, zu erwerben. Oft streut man dem Verbraucher mit reinen Labortests Sand in die Augen, um Billigöle zu vermarkten. Inzwischen hat die EG mit dem sogenannten PANEL-Test eine gewisse Voraussetzung für mehr Verbraucherschutz geschaffen.

«Wir sind da schon seit 1989 Vorreiter», freut sich Giordana und beschreibt uns, wie so eine Ölverkostung vor sich geht: «8–12 ausgebildete Tester sitzen in getrennten Kabinen vor anonymen Proben verschiedener kaltgepreßter Olivenöle. Nach einem Geruchsbild sind für jede Probe 16 differenzierte Geschmackspunkte einzutragen, auf einer Positiv-Skala und einer mit negativen Merkmalen. Unabhängig davon macht ein Labor die chemisch-physikalische Analyse.

Unser Produkt mit der Note ‹optimal-fruchtig› hat ein leichtes Bukett von Artischocken. Im Abgang zeigt das junge Olivenöl die für seine Würznote sehr wichtige pikante Schärfe. Der Gaumen könnte dem Tester aber auch negative Werte mitteilen wie astringierend oder ‹berührende› Kontakte, die betreffen die Viskosität, die Dichte;

die betreffen die Viskosität, die Dichte; sie können unangenehme Fettigkeit anzeigen. Auf dieser Negativ-Skala haben wir in all den Jahren noch nie einen Punkt erhalten!»
Mit der Note 9 hat das *Olio extra-vergine di oliva* die höchste Punktzahl erreicht, die ein kaltgepreßtes Olivenöl erhalten kann.
Mit dem EG-Beschluß, endlich eine kontrollierte Ursprungsbezeichnung D.O.C. auch für bestimmte Olivenöle zuzulassen, ist ein weiterer wichtiger Schritt getan.
Dem Verbraucher ist so garantiert, daß er ein hochwertiges Erzeugnis vor sich hat, wenn er die begehrten drei Buchstaben auf dem Etikett liest, zum Beispiel:

OLIO EXTRAVERGINE DI OLIVA
D.O.C. TOSCANA
Colline senesi,
(Jahrgang)
(Name der Fattoria,
Name des Olivenöls)

Das heißt dann: Dieses kaltgepreßte Olivenöl hat viele Kontrollen durchlaufen müssen.

Etikett

Es ist eine Erzeugerabfüllung aus dem angegebenen Jahrgang.
Es kommt aus der Toskana, genauer, aus dem sienesischen Hügelland.
Das D.O.C. garantiert: Auf der Geschmacksskala hat es 6,5 bis 9 Punkte bekommen, und es hat einen sehr niedrigen Säurewert von 0,6 und weniger (der Bauer kommt auch auf 0,15 %).
Es wurde keiner Behandlung unterworfen, außer dem Waschvorgang mit Wasser.
Auf der Flasche dürfen dann keine irreführenden Begriffe wie fein, ausgewählt, klassisch usw. stehen.
Zugelassen sind nachprüfbare Begriffe, wie biologischer Anbau, handgeerntet usw.

VERWENDUNG IN DER KÜCHE

Seit die *dieta mediterranea* wieder an Boden gewinnt, hat sich auch der Qualitätsanspruch außerhalb Italiens erhöht, Qualität vor dem Preis.
Im Gegensatz zum billigen *Olio di oliva* verwendet man das *Olio extravergine di oliva* überwiegend roh, beziehungsweise erwärmt es nicht über 75 °C, um

die wertvollen Vitamine und seine Frische zu erhalten. Das heißt, es wird hinterher (und bitte nicht zu ängstlich!) über gebratenes oder gegrilltes Fleisch gegeben, dann behält es seinen wunderbar-fruchtig würzenden Wert und vermag auch etwas «müde» Gerichte ein wenig wiederzuerwecken. Das gleiche gilt aber auch für Gemüse, Eintöpfe und natürlich besonders für Salate.
Es ist jedoch ein verbreitetes Gerücht, daß man Olivenöl nicht stark erhitzen dürfe. Gerade Olivenöl hat unter allen Speisefetten die außergewöhnliche Eigenschaft, am besten zum Braten und Fritieren geeignet zu sein, da es wegen seiner niedrigen Peroxidwerte auch wenig oxidiert. Zum Vorteil des Organismus haben zum Beispiel *«patate fritte»* auf dem italienischen Speisezettel einen höheren Rang als bei uns. Einige Regeln gilt es aber beim Fritieren zu beachten:

1. Verwenden Sie das Öl nicht mehr als zwei-, dreimal.
2. Erst bei Erreichen einer Temperatur von 180 °C das Fritiergut in die Friteuse geben und diese Temperatur nicht überschreiten.
3. Kleine Mengen eingeben, die schnell eine Kruste bilden, so wird weniger Öl aufgenommen.
4. Öl nicht durch ständige Zugabe «erneuern».

DREI CHARAKTERE DES KALTGEPRESSTEN OLIVENÖLS

Inzwischen gibt es in manchen Städten Oliotheken, die unterschiedliche Qualitäten und Geschmacksrichtungen vorrätig haben. Die drei wichtigsten seien hier genannt:
Über den *fruchtigen* Charakter haben wir bereits ausführlich gesprochen. Sie finden ihn in unterschiedlichen Lagen außer um Siena zum Beispiel im Chianti.
Den Charakter *dolce* (süß) sollte man richtiger mit nicht bitter umschreiben. (Wobei wir daran erinnern, daß der Bittermandelgeschmack ein wertvolles Charakteristikum des fruchtigen Öls darstellt.)
Olio dolce ist gut geeignet für gedünsteten Fisch oder Majonäse und wird gern etwas von oben als «Damenöl» apostrophiert. Es kommt zum Beispiel aus der Provence und aus Ligurien.
Die dritte Kategorie *harmonisch*, delikat ausgewogen, ist ideal zu *Carpaccio*, Suppen und Käse. Sie finden es in den toskanischen Lagen um Arezzo, Florenz und Lucca.

DIE RICHTIGE LAGERUNG

Die Lagerung beginnt schon im Geschäft. Dort sollte das kaltgepreßte Olivenöl nicht länger als fünf bis sieben Monate im Regal stehen. *Olio extravergine* ist kein Konservierungsstoff, sondern zuerst ein wertvoller Fruchtsaft. Ungefiltert ist es auf Grund seines Chlorophyllgehalts in den Schwebstoffen haltbarer. Dann sollte man es allerdings unbedingt in grünen Flaschen kaufen und jährlich zweimal dekantieren.
Aber es geht weniger darum, wie lange sich das Öl hält, als darum, daß jedes Öl vom Moment der Erzeugung an oxidiert und langsam abbaut: Chlorophyll, Geschmacksträger, seine pikante Note und natürlich Haltbarkeit. Lassen Sie sich deshalb kein Öl vom Vorjahr aufschwätzen oder wenn, dann aber nur zum entsprechend reduzierten Preis. Dann sollten Sie es aber auch schnell aufbrauchen und nicht nur tropfenweise, wie manche Küchenhomöopathen uns gern suggerieren wollen.
Das neue *Olio extravergine* kommt nördlich der Alpen bald nach Jahresbeginn in den Handel.
Im Hause lagern Sie es bei Kellertemperatur wie den Wein, also so um 12 °C und unter Lichtabschluß, denn Licht liefert die Energie für die schädliche Oxidation.

EG-BESTIMMUNGEN UND BEZEICHNUNGEN DER OLIVENÖLE

1. *OLI D' OLIVA VERGINI*
Öle, die aus den Oliven nur durch mechanische o. a. physikalische Prozesse unter (besonders thermischen) Bedingungen, die das Öl nicht verfälschen, gewonnen werden und die außer Waschung, Klärung, Zentrifugierung und Filterung keinem anderen Prozeß unterzogen werden.
Öle, die durch Einsatz von Lösungsmitteln oder durch Wieder-Esterisierung oder durch Verbindung mit Ölen anderer Natur entstehen, sind davon ausgeschlossen.

a) *OLIO EXTRAVERGINE DI OLIVA*
Olio di oliva vergine mit einer organoleptischen Punktbewertung, die 6,5 beträgt oder überschreitet; mit einem Säuregehalt von maximal 1 g pro 100 g (in Oleinsäure ausgedrückt) und das alle anderen für diese Kategorie vorgesehenen Charakteristiken aufweist.

b) *OLIO DI OLIVA VERGINE*: (die Bezeichnung «fino» kann in der Produktionsphase und im Großhandel geführt werden); mit einer organoleptischen Punktbewertung, die 5,5 beträgt oder überschreitet; mit einem Säuregehalt von max. 2 g pro 100 g (in Oleinsäure ausgedrückt) und das alle anderen für diese Kategorie vorgesehenen Charakteristiken aufweist.

(Weitere Begriffe sind *OLIO DI OLIVA VERGINE CORRENTE*: 3,5 Punkte, 2% Säure;

OLIO DI OLIVA LAMPANTE: 3,5 Punkte; 3,3% Ölsäure etc.)

Das Gespräch führten Sylvia und Gerhard Nestler mit Giordana Carpi von der Genossenschaft «Il LECCETO» – 53020 CASTELMUZIO (Siena) und Giulia Andreini – 53010 VILLE DI CORSANO (Siena).

BIBLIOGRAFIE:
Olio Novo di Podere, Comune di Trequanda, 1993 Edizioni Lui;
L'olie d'oliva, Silvana Bevilacqua Calzolari, Orsa Maggiore Editrice, 1987;
Die Olive – Kulturgeschichte einer Frucht, H. Schäfer-Schuchardt, DA Verlag Das Andere;
Notiziaro N. 3/1989, Wissenschaftliche Erkenntnisse zum Olivenöl – mit Unterstützung der Europäischen Gemeinschaft (aus Beiträgen von Prof. L. Muscardin, Dermatologe; Prof. P. Viola, Prof. B. Quaglia, Prof. S. Morini, Gastroenterologe, alle Rom).

G L O S S A R

Italienisch	Deutsch
Abbacchiatura	Olivenernte mit Stöcken
acciughe	Sardellen
acqua minerale	Mineralwasser
aglio	Knoblauch
amore	Liebe
antipasto	Vorspeise
aragosta	Languste
arancia	Apfelsine
aroma	Würze, Duft
asciutto	trocken, getrocknet
Bagnomaria	Wasserbad
basilico	Basilikum
besciamella	Béchamelsauce
bianco	weiß
briciole	Brotkrümel, Brösel
broccoli	Brokkoli
brucatura	Olivenernte (von Hand)
buio	dunkel
Caffè espresso	Espresso
calamari	Tintenfische
capelli d'angelo	Engelshaar
cappello	Hut
cappelletti	Hütchen (als gefüllte Pasta)
capperi	Kapern
carbone	Kohle
carota	Karotte
cartoccio (al)	in Alufolie
cavolfiore	Blumenkohl
chiocciole	Schnecken
cipolla	Zwiebel
colli senesi	Sienesisches Hügelland
concentrato	konzentriert
conchiglie	Muscheln (hier Nudelform)
confezionato	verpackt
cozze	Miesmuscheln
crostacei	Krustentiere
crudo	roh
cucina	Küche
Dente, al dente	mit Biß
dentice	Zahnbrasse
ditali	Fingerchen (hier kurze Röhrennudel)
D.O.C.	kontrollierte Ursprungsbezeichnung
dolce	Süßspeise
doppio concentrato	doppelt eingedickt
duro	hart

Italienisch	Deutsch
Ecco la pasta!	Da ist die Pasta!
elegante	elegant
estivo	sommerlich
extravergine	hier: kaltgepreßt
Farfalla	Schmetterling, hier: Pasta-Form
fazzoletti	Tüchlein
fieno	Heu
forno	Ofen
forma	Form
formaggio	Käse
fonduta	Schmelzkäse
frantoio	Ölmühle
fresca, fresche	frisch, frische
frutti di mare	Meeresfrüchte
fusilli	kurze gedrehte Nudeln
fungo, funghi	Pilz, Pilze
Gigante	riesig
grano	Weizen
grano duro	Hartweizen
Imbottigliato	abgefüllt in Flaschen
istrice	Stachelschwein
Lasagne	rechteckige Nudelfläche
latte	Milch
lepre	Hase
liscio	glatt
lingua	Zunge, Sprache
linguine	hier: dünne, flache Spaghetti
Maccheroni	lange Röhrennudeln
macchia	Buschwald
mania	Sucht, Manie
magro	mager
mare	Meer
maremmane	hier: viereckige gefüllte Teigtaschen
mediterraneo	Mittelmeerraum
melanzane	Auberginen
molto	viel
monte	Berg
mozzare	abschlagen
mozzarella	Büffel- oder Kuhmilchfrischkäse
Nero	schwarz
noce	Nuß

ITALIENISCH	DEUTSCH
Olio	Öl
olio d'oliva	Olivenöl
olivo	Olivenbaum
orecchiette	Öhrchen, hier: kleine Nudelform
ottimo	bestens
Paglia	Stroh
pancetta	Bauchspeck
panna	Sahne
panna da cucina	Küchensahne
pappardelle	breite Bandnudeln
parmigiano	Parmesankäse
passato	püriert
pasta	Teig
pasta asciutta	getrocknete Teigware
pasta fresca	frische Teigware
pastamania	Sucht nach Pasta
pecorino	Schafskäse
pelati	abgezogene Tomaten
penne	schräge kurze Röhrennudeln
pennette	kleine Penne
pepe	Pfeffer
peperoni	Paprika
peperoncini	Pfefferschoten
pesce	Fisch
pestare	stampfen
pesto	gemörserte Basilikumsoße
pezzettoni	hier: Tomatenstücke
piccante	pikant, scharf
pipe	Pfeifen, hier: Nudelform
pipette	kleinere Pfeife
piselli	Erbsen
polpa (di aragosta)	(Langusten-)Fleisch
pomodoro	Tomate
pommarola, pummarò	Tomatensoße (neapolitanisch)
porcini	Steinpilze
prezzemolo	Petersilie
primo	erster (Menügang)
prosciutto	Schinken
Rabbia	Wut
ragù	Hackfleischsoße
ravioli	gefüllte Teigtaschen
ricotta	aufgekocht, Frischkäsesorte
rigate	gerillt
rigatoni	gerillte Röhrennudeln
ripieno	gefüllt
risotto	Reisgericht
rosso da tavola	roter Tafelwein

ITALIENISCH	DEUTSCH
rosticceria	ital. Garküche
rucola	Rauke
Salmone	Lachs
San marzano	Eiertomaten
salsa	Soße
salvia	Salbei
secco	trocken
secondo	zweiter (Menügang)
sedano	Sellerie
seppia	Sepia, gemeiner Tintenfisch
sole	Sonne
sogliola	Seezunge
spaghettoni	dicke Spaghettisorte
spinacio	Spinat
stagionato	gelagert
strada bianca	Schotterstraße
stravecchio	extraalt
sugo, sughi	Soße, Tunke
Tagliatelle	Bandnudeln
tavola	Tisch, Tafel
tedesco	deutsch
tonno	Thunfisch
tortellini	kleine gefaltete gefüllte Pasta
tortelloni	größere Tortellini
tricolore	hier: die dreifarbige ital. Flagge
triglie	Rotbarben
Umido	feucht, hier: in Tomatensoße
Verde	grün
vergine	jungfräulich
vino	Wein
vongole	Herz- oder Venusmuscheln
Zafferano	Safran
zucchini	Zucchini